GW01319569

Irish Revision for Junior Certificate
Ordinary Level

Irish Revision for Junior Certificate
Ordinary Level

Éamonn Maguire

Gill & Macmillan

Gill & Macmillan Ltd
Hume Avenue
Park West
Dublin 12
with associated companies throughout the world
www.gillmacmillan.ie

© Éamonn Maguire 1997, 2000
0 7171 3025 8

Design and print origination in Ireland by
Peanntrónaic Teo and Carole Lynch

The paper used in this book is made from the wood pulp of managed forests. For every tree felled, at least one tree is planted, thereby renewing natural resources.

Contents

Preface   vi

Acknowledgments   vi

Introduction   vii

1 Cluastuiscint (Listening Comprehension)   1
   Preparation   1
   Vocabulary   1
   Worked Example   6
   Practice Exercises   11

2 Léamhthuiscint (Reading Comprehension)—Ceist 1   34

3 Léamhthuiscint (Fógraí)—Ceist 2 (*a* agus *b*)   61

4 Léamhthuiscint (Dánta)—Ceist 2 (*c*)   94

5 Léamhthuiscint (Sleachta)—Ceist 3   112

6 Scríobh na Teanga   145
   Preparation   145
   Cárta Poist   146
   An Nóta   157
   An Litir   172
   Alt Gairid nó Cuntas   188

7 Freagraí   204

8 Na Briathra   221

   Examination Papers   232

PREFACE

Déanann an leabhar beag seo freastal ar gach gné den chúrsa Gaeilge don Teastas Sóiséarach, Gnáthleibhéal. Ocht n-aonad atá sa leabhar, agus tá sé leagtha amach san ord céanna is atá an páipéar scrúdaithe. Tá súil agam go gcabhróidh an leabhar le daltaí agus iad ag ullmhú don Teastas Sóiséarach agus go mbainfidh siad taitneamh agus tairbhe as.

This book covers all aspects of the Junior Certificate course, Ordinary level. There are eight units in the book, which follows the same order as the examination paper. I hope that pupils will find the book helpful as well as enjoyable.

ACKNOWLEDGMENTS

Ba mhaith leis na foilsitheoirí a mbuíochas a ghabháil leis na heagraíochtaí agus leis na daoine seo a leanas as cead a thabhairt dóibh ábhar atá faoi chóipcheart a atáirgeadh:

Sáirséal Ó Marcaigh maidir le 'Subh Milis', 'Duilleoga ar an Life' agus 'Chlaon Mé Mo Cheann' le Séamas Ó Néill; 'An Bóthar' agus 'Cúl an Tí' le Seán Ó Ríordáin; agus 'Bás John Harte' le Liam Ó Muirthile;

An Clóchomhar maidir le 'Reoiteog Mharfach' le Déaglán Collinge; 'Gaillimh 1928' le Máirtín Ó Direáin; agus 'Don Lon Dubh' agus 'An Bacach' le Seán Ó Leocháin;

An Gúm maidir le 'Na Coisithe' le Liam S. Gógán;

Cáit Bean Mhic Fheorais maidir le 'An Tincéir' le Seán Mac Fheorais;

Cló Iar-Chonnachta maidir le 'An Bhean Siúil' le Micheál Ó Conghaile; 'An Smugairle Róin' agus 'Ná Tabhair Aon Rud le hIthe Dóibh!' le Gabriel Rosenstock; agus 'Madra ar Strae' agus 'Clapsholas sa Bhaile Mór' le Dáithí Ó Diollúin;

Máire Áine Nic Gearailt maidir lena dánta 'An Gadaí' agus 'An tUlchabhán';

Áine Ní Ghlinn maidir lena dán 'Faoiseamh'.

As cead grianghraif a atáirgeadh tá na foilsitheoirí buíoch de Camera Press, RTE agus Cló Iar-Chonnachta.

Beidh na foilsitheoirí sásta socruithe cuí a dhéanamh le haon sealbhóir cóipchirt nach raibh fáil air a dhéanann teagmháil leo tar éis fhoilsiú an leabhair.

INTRODUCTION

Worked examples

Worked answers are provided for many of the examination questions in this book. Pupils should remember that there can often be one, two or more answers to a given question. The author has attempted to provide many possible correct answers for each question in the worked answers; this has very often meant supplying three, four or five answers for one question. Pupils are reminded, however, that they should give the required number of answers only.

Worked answers for the 1996 listening comprehension are on page 6–10. There are also worked examples for all sections of the examination, and answers are provided for all the sample papers, beginning on page 204.

Layout of exam papers

Pupils taking the Gnáthleibhéal (Ordinary level) are required to answer questions on *one written paper* and to answer questions on a *listening comprehension test*.

The examination is divided into *two parts*:

PART 1. THE LISTENING TEST

(30 minutes; 100 marks)
The *cluastuiscint* (tape test) is divided into four parts:
    Part A: Three monologues.
    Part B: Three announcements or advertisements.
    Part C: Three conversations.
    Part D: Three items of news.

PART 2. THE WRITTEN PAPER

The written paper is divided into *roinn 1* and *roinn 2*.
    Roinn 1: Léamhthuiscint (reading comprehension) (110 marks).
There are three questions to be answered in roinn 1. All answers must be written in the spaces provided on the examination paper.
    Roinn 2: Scríobh na teanga (110 marks).
There are three questions to be answered in roinn 2. Questions in this section must be answered in the answer book provided by the Department of Education and not on the examination paper.

NA PATRÚIN CHEISTEACHA (VOCABULARY USED FOR ASKING QUESTIONS)

Pupils should become very familiar with and learn by heart the vocabulary used in examination papers for asking questions. These are used particularly with the cluastuiscint questions and with questions 2 (*a*), (*b*) and (*c*) and question 3 (*a*) and (*b*) in roinn 1, *léamhthuiscint* and also questions 1 and 2 in roinn 2, *scríobh na teanga*.

Cá/cárb/cárbh (where)
- Cá bhfuair sé é? (Where did he get it?)
- Cá mbíonn? (Where does?)
- Cá mbeidh? (Where will?)
- Cá raibh? (Where was?)
- Cá fhad? (How long?)
- Cárb as di? (Where is she from?)
- Cárbh as dó? (Where was he from?)

- **Cad/céard (what/where)**
- Cad a rinne sé? (What did he do?)
- Cad a tharla? (What happened?)
- Cad ab ainm dó? (What was his name?)
- Cad chuige? (Why?)
- Cad faoi? (What about?)
- Cad a thug air é a dhéanamh? (What made him do it?)
- Céard atá i gceist? (What is meant?)
- Céard is brí le? (What is meant by?)
- Cad as dó? (Where is he from?)

- **Cathain (when)**
- Cathain a rugadh é? (When was he born?)
- Cathain a bheas tú sa bhaile? (When will you be at home?)

Cé (who, which, what)
- Cé acu? (which of them?)
- Cé mhéad? (how much? how many?)   • Cé a rinne? (who did?)

Cén (what/how)
- Cén aois é? (How old is he?)
- Cén fáth? (Why?)
- Cén fhianaise? (What evidence?)
- Cén lá? (What day?)
- Cén laghdú, méadú (What reduction, increase?)
- Cén rogha? (What choice?)
- Cén t-am (What time?)
- Cén sórt/saghas? (What kind?)
- Cén t-eolas? (What information?)
- Cén t-ullmhúchán? (What preparation?)

- **Conas (how)**
- Conas tá tú? (How are you?)

Luaigh (mention)
- Luaigh dhá rud (Mention two things)

Ainmnigh (name)
- Ainmnigh rud amháin (Name one thing).

Aonad 1   Cluastuiscint

The *cluastuiscint* (aural) examination lasts for approximately 30 minutes and is worth 100 marks, which is over 31 per cent of the total marks for Junior Cert Irish.

The *same tape* is played for Higher and Ordinary levels, but the questions for Ordinary level are easier.

As we have already seen, the format for the *cluastuiscint* is as follows:

Cuid A	Cuid C
Three announcements (*giotaí cainte*) from three different pupils, usually of a personal nature.	Three conversations (*comhráite*). Each conversation is usually between a boy and a girl.
Cuid B	**Cuid D**
Three monologues.	Three news bulletins or announcements.

Note
- Cuid A and cuid C are usually played *three times*. Cuid B and cuid D are usually played *two times*.
- Do not leave any blank spaces.
- Do not answer in English.
- While accuracy in spelling is important, it is worth noting that the great majority of marks are awarded for understanding.

How to prepare
1 Learn your vocabulary.
2 Listen to Raidió na Gaeltachta, Raidió na Life, and other Irish radio programmes.
3 Watch Irish television programmes, especially the Nuacht, and Teilifís na Gaeilge.
4 Read Irish-language papers and magazines, such as *Foinse, Lá, Saol, Mahogany Gaspipe,* and *Dréimire,* and 'Tuarascáil' in the *Irish Times.*

Vocabulary preparation
- Place-names: counties and cities; other countries in Europe and elsewhere
- School subjects, facilities, and activities
- Sport of all kinds
- Various pastimes (music, television, films, reading, etc.)
- Family members: brother, sister; ages: youngest, eldest
- Jobs, careers

1

- Accidents, robberies, mishaps, fires
- The weather
- Various meals and types of food

CANÚINTÍ (DIALECTS)
Connacht, Ulster and Munster dialects are used in the aural exam.

PLACE-NAMES: IRELAND
Cúige Mumhan (Munster)
Contae Chiarraí (County Kerry): **Cill Airne** (Killarney); **Trá Lí** (Tralee)

Contae Chorcaí (County Cork): **Corcaigh** (Cork); **Mala** (Mallow)

Contae an Chláir (County Clare): **Inis** (Ennis); **Boirinn** (the Burren); **Cill Rois** (Kilrush)

Contae Luimnigh (County Limerick): **Luimneach** (Limerick)

Contae Phort Láirge (County Waterford): **Port Láirge** (Waterford); **an Rinn**

Contae Thiobraid Árann (County Tipperary): **Durlas** (Thurles); **an tAonach** (Nenagh); **Cluain Meala** (Clonmel)

Cúige Laighean (Leinster)
Contae Bhaile Átha Cliath (County Dublin): **Baile Átha Cliath** (Dublin); **Sord** (Swords); **Binn Éadair** (Howth); **Baile Brigín** (Balbriggan), **Dún Laoghaire**

Contae Cheatharlach (County Carlow): **Ceatharlach** (Carlow); **an Tulach** (Tullow)

Contae Chill Chainnigh (County Kilkenny): **Cill Chainnigh** (Kilkenny); **Callain** (Callan)

Contae Chill Dara (Kildare): **Droichead Nua**; **an Nás** (Naas); **Cill Choca** (Kilcock); **Baile Átha Í** (Athy); **Maigh Nuad** (Maynooth)

Contae Chill Mhantáin (County Wicklow): **Bré** (Bray); **an tInbhear Mór** (Arklow)

Contae na hIarmhí (Westmeath): **Baile Átha Luain** (Athlone); **an Muileann gCearr** (Mullingar)

Contae Laoise (County Laois): **Port Laoise**

Contae Loch Garman (County Wexford): **Ros Láir** (Rosslare); **Guaire** (Gorey); **Inis Córthaidh** (Enniscorthy); **Ros Mhic Thriúin** (New Ross)

Contae an Longfoirt (County Longford): **an Longfort** (Longford); **Gránard** (Granard)

Contae Lú (County Louth): **Dún Dealgan** (Dundalk); **Droichead Átha** (Drogheda)

Contae na Mí (County Meath): **an Uaimh** (Navan); **Baile Átha Troim** (Trim); **Ceanannas** (Kells); **Ráth Cairn**; **an Seanchaisleán** (Oldcastle)

Contae Uíbh Fhailí (County Offaly): **Tulach Mhór** (Tullamore); **Éadan Doire** (Edenderry); **Biorra** (Birr); **Clóirtheach** (Clara)

Cúige Uladh (Ulster)
Contae Dhún na nGall (County Donegal): **Leifear** (Lifford); **na Rosa** (the Rosses); **Béal Átha Seanaidh** (Ballyshannon); **Leitir Ceanainn** (Letterkenny); **Bun Dobhráin** (Bundoran); **Gaoth Dobhair**

Contae an Chabháin (County Cavan): **an Cabhán** (Cavan); **Muinchille** (Cootehill)

Contae Mhuineacháin (County Monaghan): **Cluain Eois** (Clones); **Carraig Mhachaire Rois** (Carrickmacross); **Muineachán** (Monaghan)

Contae Aontroma (County Antrim): **Béal Feirste** (Belfast); **Latharna** (Larne)

Contae Ard Mhacha (County Armagh): **Ard Mhacha** (Armagh); **Port an Dúnáin** (Portadown)

Contae Dhoire (County Derry): **Doire** (Derry); **Cúil Raithin** (Coleraine)

Contae an Dúin (County Down): **an tIúr** (Newry); **an Caisleán Nua** (Newcastle); **Beannchar** (Bangor); **Droichead na Banna** (Banbridge)

Contae Fhear Manach (County Fermanagh): **Inis Ceithleann** (Enniskillen)

Contae Thír Eoghain (County Tyrone): **an Srath Bán** (Strabane); **an Ómaigh** (Omagh)

Cúige Chonnacht (Connacht)

Contae na Gaillimhe (County Galway): **Gaillimh** (Galway); **Tuaim** (Tuam); **Béal Átha na Sluaighe** (Ballinasloe); **an Cheathrú Rua**

Contae Liatroma (County Leitrim): **Cora Droma Rúisc** (Carrick-on-Shannon)

Contae Mhaigh Eo (County Mayo): **Béal an Átha** (Ballina); **Cathair na Mart** (Westport); **Caisleán an Bharraigh** (Castlebar); **Clár Chlainne Mhuiris** (Claremorris); **an Eachléim**

Contae Ros Comáin (County Roscommon): **Mainistir na Búille** (Boyle); **Ros Comáin** (Roscommon); **Ail Finn** (Elphin)

Contae Shligigh (County Sligo): **Sligeach** (Sligo)

TÍORTHA AGUS CATHRACHA NA HEORPA (COUNTRIES AND CITIES OF EUROPE)

Sasana (England); **Londain** (London); **Learpholl** (Liverpool)

an Bhreatain Bheag (Wales)

Albain (Scotland); **Dùn Eideann** (Edinburgh)

an Bheilg (Belgium); **an Bhruiséil** (Brussels)

an Fhrainc (France); **Páras** (Paris)

an Ghearmáin (Germany)

an Danmhairg (Denmark)

an Ghréig (Greece)

an Eilbhéis (Switzerland)

an Iodáil (Italy); **an Róimh** (Rome)

an Iorua (Norway)

an Pholainn (Poland)

an Ísiltír (the Netherlands)

an Phortaingéil (Portugal)

an Rúis (Russia)

an Spáinn (Spain)

an Rómáin (Romania)

an tSualainn (Sweden)

TÍORTHA AGUS CATHRACHA EILE

An tSeapáin (Japan); **an Bhrasaíl** (Brazil); **an tSín** (China); **Meiriceá** (America); **na Stáit Aontaithe** (the United States); **Nua-Eabhrac** (New York)

SCHOOL SUBJECTS

an Ghaeilge (Irish)
an Béarla (English)
an Laidin (Latin)
an Fhraincis (French)
an Ghearmáinis (German)
an Spáinnis (Spanish)
an Iodáilis (Italian)
matamaitic (mathematics)
stair (history)
tíreolaíocht (geography)
eolaíocht (science)
ceol (music)
eagrú gnó (business organisation)
ealaín (art)
eacnamaíocht bhaile (home economics)
innealtóireacht (engineering)
líníocht theicniúil (technical drawing)
adhmadóireacht (woodwork)
corpoideachas (physical eductaion)

SCHOOL FACILITIES

áiseanna (facilities)
an halla tionóil (the assembly hall)
an leabharlann (the library)
an bhialann/an proinnteach (the restaurant/canteen)
an seomra ceoil (the music room)
an pháirc pheile (the football field)
an halla gleacaíochta (the gymnasium)
an seomra ríomhairí (the computer room)
rúnaí na scoile (the school secretary)

SPORT AND PASTIMES

cluichí éagsúla (various games)
peil (football)
iomáin/iománaíocht (hurling)
sacar (soccer)
snámh (swimming)
peil Ghaelach (Gaelic football)
Páirc an Chrócaigh (Croke Park)
club peile (a football club)
leadóg (tennis)

cispheil (basketball)
haca (hockey)
snúcar (snooker)
léamh (reading)
éisteacht le ceol (listening to music)

TEILIFÍS, RAIDIÓ, NUACHTÁIN

clár teilifíse (a television programme)
clár raidió (a radio programme)
sraith (a series)
sraithscéal (a serial)
an nuacht (the news)
cúrsaí reatha (current affairs)
iriseoir (a journalist)
tuairisc (a report)
tuairisceoir (a reporter)
raidió áitiúil (local radio)
cúrsaí spóirt (sport)
pop-cheol (pop music)
scannáin (films)

FAMILY MEMBERS

teaghlach (family)
clann (children)
tuismitheoirí (parents)
athair (father)
máthair (mother)
deartháir (brother)
deirfiúr (sister)
seanathair (grandfather)
seanmháthair (grandmother)
nia (nephew)
neacht (niece)
uncail (uncle)
aintín (aunt)
col ceathrair (first cousin)
bean chéile (wife)
fear céile (husband)
an duine is sine (the eldest)
an duine is óige (the youngest)

JOBS AND CAREERS

dalta scoile (pupil)
mac léinn (student)
múinteoir (teacher)
banaltra (nurse)

dochtúir (doctor)
sagart (priest)
bean rialta (nun)
feirmeoir (farmer)
meicneoir (mechanic)
leictreoir (electrician)
rúnaí (secretary)
saighdiúir (soldier)
siúinéir (carpenter)
polaiteoir (politician)

TYPES OF PEOPLE
tanaí (thin)
ramhar (fat)
seang (slim)
láidir (strong)
lag (weak)
catach (curly)
maol (bald)
macánta (gentle; honest)
lách (pleasant)
leithleach (selfish)
béasach (polite)
drochbhéasach (rude, bad-mannered)
cúthail (shy)
greannmhar (funny)
cairdiúil (friendly)
amaideach (silly, daft)
flaithiúil (generous)

THE WEATHER
breá brothallach (fine and warm)
te grianmhar (hot and sunny)
fuar fliuch (cold and wet)
sioc (frost)
sneachta (snow)
ceo (fog)
brádán (drizzle)
stoirmiúil gaofar (stormy and windy)
sioc talún (ground frost)
tréimhsí gréine (sunny spells)
tintreach agus toirneach (thunder and lightning)
tais go leor (humid)
scamallach (cloudy)
gaoth láidir (a strong wind)

DAYS OF THE WEEK, MONTHS OF THE YEAR, TIME
lá (a day)
seachtain (a week)
coicís (a fortnight)
mí (a month)
bliain (a year)

NA LAETHANTA (THE DAYS)
an Luan (Monday); **Dé Luain** (on Monday)
an Mháirt (Tuesday); **Dé Máirt** (on Tuesday)
an Chéadaoin (Wednesday); **Dé Céadaoin** (on Wednesday)
an Déardaoin (Thursday); **Déardaoin** (on Thursday)
an Aoine (Friday); **Dé hAoine** (on Friday)
an Satharn (Saturday); **Dé Sathairn** (on Saturday)
an Domhnach (Sunday); **Dé Domhnaigh** (on Sunday)

NA MÍONNA (THE MONTHS)
Eanáir/mí Eanáir (January)
Feabhra/mí Feabhra (February)
Márta/mí an Mhárta (March)
Aibreán/mí Aibreáin (April)
Bealtaine/mí na Bealtaine (May)
Meitheamh/mí an Mheithimh (June)
Iúil/mí Iúil (July)
Lúnasa/mí Lúnasa (August)
Meán Fómhair/mí Mheán Fómhair (September)
Deireadh Fómhair/mí Dheireadh Fómhair (October)
Samhain/mí na Samhna (November)
Nollaig/mí na Nollag (December)

AN T-AM (THE TIME)
inné (yesterday)
maidin inné (yesterday morning)
arú inné (the day before yesterday)
inniu (today)

maidin inniu (this morning)
tráthnóna inniu (this evening)
amárach (tomorrow)
maidin amárach (tomorrow morning)
tráthnona amárach (tomorrow afternoon/evening)
arú amárach (the day after tomorrow)
anuraidh/an bhliain seo caite (last year)

bliain ó shin (a year ago)
seachtain ó shin (a week ago)
fadó (long ago)
an tseachtain seo chugainn (next week)
lá arna mhárach (the following day)
nóiméad (a minute)
soicind (a second)

Note

Your teacher will have tapes from past examinations so that you can do the following exercises.

SCRÚDÚ AN TEASTAIS SHÓISEARAIGH, 1996
This is a worked example.

CUID A

you will hear

Cloisfidh tú giota ó gach duine de *thriúr* daoine óga sa Chuid seo. Cloisfidh tú gach giota díobh *trí huaire*. Éist go cúramach leo agus líon isteach an t-eolas atá á lorg sna greillí ag **1**, **2** agus **3** thíos.

1. An Chéad Chainteoir

Ainm	*Deirdre Nic Eoin*
Cad a bhí ar siúl sa scoil inné?	*Lá spóirt*
Cén rás a bhuaigh sí?	*Céad [100] méadar*
Cé mhéad bonn a gheobhaidh sí anocht?	*Dhá bhonn*
Cá mbeidh an dioscó ar siúl?	*Sa halla*

2. An Dara Cainteoir

Ainm	*Séamas de Brún*
Cár rugadh é?	*I gCorcaigh*
Cá bhfuil sé ina chónaí anois?	*I dTrá Lí*
Cén cluiche is fearr leis?	*Leadóg*
Cad a bhíonn ar siúl aige Dé Sathairn?	*Ag obair san ollmhargadh*

3. An Tríú Cainteoir

Ainm	*Pádraigín Ní Ghallchóir*
Cén áit ar rugadh í?	*I mBaile Átha Cliath*
An teanga a labhraíonn sí sa bhaile	*An Ghaeilge*
An t-amhránaí is fearr léi	*Enya*

CUID B

Cloisfidh tú *trí* fhógra sa Chuid seo. Cloisfidh tú gach fógra *faoi dhó.* Éist go cúramach leo. Beidh sos tar éis gach casadh chun deis a thabhairt duit an *dá* cheist a ghabhann le gach fógra díobh a fhreagairt.

Fógra a hAon
1.

(a)	(b)	(c)	(d)

Cén pictiúr a théann leis an bhfógra seo? c

2 Cé mhéad airgid san uair atá le fáil don obair seo?

Trí phunt [£3] san uair.

Fógra a Dó
1.

(a)	(b)	(c)	(d)

Cad a tharla sa chlubtheach inné? b

2 Cén lá a bheas an chóisir ar siúl anois? Cén t-am a chríochnóidh sí?

Dé hAoine seo chugainn. Óna seacht a chlog go leath i ndiaidh a deich.

[Ó 7:00 go 10:30.]

Fógra a Trí

1 Cad tá ag Muintir de Búrca i lár an bhaile?

   (a) Ollmhargadh

   (b) Siopa éadaigh

   (c) Garáiste

   (d) Siopa spóirt   `b`

2 Scríobh síos dhá rud a bheidh le ceannach Dé Luain.

   (i) *Gúnaí pósta, léinte, sciortaí.*

   (ii) *Geansaithe spóirt, brístí, blúsanna.*

CUID C

Cloisfidh tú *trí cinn* de chomhráite teileafóin sa Chuid seo. Cloisfidh tú gach comhrá díobh *trí huaire*. Cloisfidh tú an comhrá ó thosach deireadh an chéad uair. Ansin cloisfidh tú é ina dhá mhír. Beidh sos tar éis gach míre díobh chun deis a thabhairt duit an cheist a bhaineann leis an mír sin a fhreagairt. Ina dhiaidh sin cloisfidh tú an comhrá ó thosach deireadh arís.

Comhrá a hAon
An Chéad Mhír
1.

    (a)   **(b)**   **(c)**   **(d)**

Cé acu pictiúr a théann leis an gcomhrá seo?   `a`

An Dara Mír

2 Cé mhéad airgid a gheall Mam dó? Cén lá a thabharfaidh sí dó é?

Deich bpunt [£10]. Dé Luain.

Comhrá a Dó
An Chéad Mhír
1.

  (a)   (b)   (c)   (d)

Cad a bheidh ar siúl anocht? $\boxed{d}$

An Dara Mír
2   Cén aois í Máire?

Sé bliana déag [16].

Comhrá a Trí
An Chéad Mhír
1.

  (a)   (b)   (c)   (d)

Cén chaoi ar ghortaigh Deirdre a gualainn? $\boxed{c}$

An Dara Mír
2   Cad a bheidh ar siúl ar scoil amárach?

Scrúdú matamaitice.

CUID D

Cloisfidh tú *trí cinn* de phíosaí ón raidió sa Chuid seo. Cloisfidh tú gach píosa díobh *faoi dhó*. Éist go cúramach leo agus freagair an *dá* cheist a ghabhann le gach píosa díobh.

Píosa a hAon

1 Cén lá a bheidh an rud seo ar siúl?

Seachtain ón Aoine seo chugainn [nó Dé hAoine].

2 Cén méid airgid a rinne siad anuraidh?

Breis agus milliún punt.

Píosa a Dó

1.

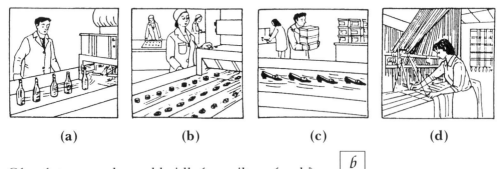

(a) (b) (c) (d)

Cén sórt monarchan a bheidh á oscailt amárach? b

2 Cé mhéad duine a bheidh ag obair sa mhonarcha nua?

Fiche duine [20].

Píosa a Trí

1.

(a) (b) (c) (d)

Cén sórt ráis a bheidh ar siúl Dé Sathairn? d

2 Cad a bheidh ar siúl oíche Dé Domhnaigh? Cén áit?

Dinnéar mór. Óstán na Mara.

1.

SCRÚDÚ AN TEASTAIS SHÓISEARAIGH, 1995

CUID A

Cloisfidh tú giota ó gach duine de *thriúr* daoine óga sa Chuid seo. Cloisfidh tú gach giota díobh *trí huaire*. Éist go cúramach leo agus líon isteach an t-eolas atá á lorg sna greillí ag **1**, **2** agus **3** thíos.

1. An Chéad Chainteoir

Ainm	*Peadar Ó Conaíle*
Aois	
Cár rugadh a thuismitheoirí?	
Cluiche amháin a imríonn Seán	
Caitheamh aimsire atá ag Peadar	

2. An Dara Cainteoir

Ainm	*Pól Ó Cearnaigh*
An contae ina bhfuil sé	
An méid ábhar atá ar siúl aige	
Ábhar scoile amháin a thaitníonn leis	
Ábhar scoile amháin nach dtaitníonn leis	

3. An Tríú Cainteoir

Ainm	*Síle Ní Mhurchú*
Cá bhfuil sí anois?	
Cén áit a raibh sí ag dul ar a rothar Dé hAoine?	
Cad tá ar siúl sa scoil inniu?	

CUID B

Cloisfidh tú *trí* fhógra sa Chuid seo. Cloisfidh tú gach fógra *faoi dhó*. Éist go cúramach leo. Beidh sos tar éis gach casadh chun deis a thabhairt duit an *dá* cheist a ghabhann le gach fógra díobh a fhreagairt.

Fógra a hAon
1.

  (a)   (b)   (c)   (d)

Cén pictiúr a théann leis an bhfógra seo?

2 Cad tá le fáil saor in aisce má bhíonn triúr in éineacht leat ann?

_____

Fógra a Dó
1.

  (a)   (b)   (c)   (d)

Cén sórt club a bheidh ag tosú sa scoil?

2 Cén lá *agus* cén t-am a bheidh an chéad chruinniú ar siúl?

_____

Fógra a Trí
1 Cad a bheidh ar siúl Dé Sathairn seo chugainn?

(a) Ceolchoirm
(b) Scannán
(c) Cluiche idirnáisiúnta
(d) Clár teilifíse

2 Scríobh síos **dhá** rud a bheidh le buachan.

(i) _____

(ii) _____

CUID C

Cloisfidh tú *trí cinn* de chomhráite teileafóin sa Chuid seo. Cloisfidh tú gach comhrá díobh *trí huaire.* Cloisfidh tú an comhrá ó thosach deireadh an chéad uair. Ansin cloisfidh tú é ina dhá mhír. Beidh sos tar éis gach míre díobh chun deis a thabhairt duit an cheist a bhaineann leis an mír sin a fhreagairt. Ina dhiaidh sin cloisfidh tú an comhrá ó thosach deireadh arís.

Comhrá a hAon
An Chéad Mhír
1.

   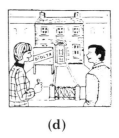

   (a)   **(b)**   **(c)**   **(d)**

Cad a cheannaigh tuismitheoirí Ghearóid cúpla mí ó shin?

An Dara Mír
2   Cá bhfuil Gearóid ina chónaí anois (seoladh)?

Comhrá a Dó
An Chéad Mhír
1.

   (a)   **(b)**   **(c)**   **(d)**

Cá raibh an gluaisteán nuair a goideadh é?

An Dara Mír
2   Ainmnigh **rud amháin** atá imithe as mála Mham.

Comhrá a Trí
An Chéad Mhír
1.

(a)	**(b)**	**(c)**	**(d)**

Cá bhfuil Seán ag dul anois?

An Dara Mír
2   Cén chaoi a raibh Órlaith nuair a tháinig sí abhaile aréir?

CUID D

Cloisfidh tú *trí cinn* de phíosaí ón raidió sa Chuid seo. Cloisfidh tú gach píosa díobh *faoi dhó*. Éist go cúramach leo agus freagair an *dá* cheist a ghabhann le gach píosa díobh.

Píosa a hAon
1   Cén contae ina bhfuair na Gardaí an t-airgead?

---

2   Cé mhéad airgid a fuair na Gardaí?

Píosa a Dó
1.

(a)	**(b)**	**(c)**	**(d)**

Cé acu pictiúr a théann leis an bpíosa seo?

2   Cad é an lá deireanach chun cur isteach ar an bpost seo?

Píosa a Trí
1.

| (a) | (b) | (c) | (d) |

Cad a d'oscail an tAire Leasa Shóisialaigh inné?   ☐

2   Ainmnigh **dhá** rud atá gar don áit seo.

2.

SCRÚDÚ AN TEASTAIS SHÓISEARAIGH, 1994

CUID A

Cloisfidh tú giota ó gach duine de *thriúr* daoine óga sa Chuid seo. Cloisfidh tú gach giota díobh *trí huaire*. Éist go cúramach leo agus líon isteach an t-eolas atá á lorg sna greillí ag **1**, **2** agus **3** thíos.

1. An Chéad Chainteoir

Ainm	*Rita Ní Mhaoileoin*
Aois	
Cén áit ar rugadh í?	
Cé mhéad deartháir atá aici?	
Cén obair a dhéanann Muiris?	

2. An Dara Cainteoir

Ainm	*Nuala Ní Bhrádaigh*
An contae ina gcónaíonn sí	
Cén áit a bhfuil a cuid deartháireacha?	
Caitheamh aimsire amháin atá aici	
Ar thaitin an cheolchoirm léi?	

3. An Tríú Cainteoir

Ainm	*Seán Bán Breathnach*
Cá bhfuil sé ag obair?	
Cineál cláir amháin is maith leis	
Cá mbeidh sé ag dul an samhradh seo?	

CUID B

Cloisfidh tú *trí* fhógra sa Chuid seo. Cloisfidh tú gach fógra *faoi dhó*. Éist go cúramach leo. Beidh sos tar éis gach casadh chun deis a thabhairt duit an *dá* cheist a ghabhann le gach fógra díobh a fhreagairt.

Fógra a hAon
1.

| (a) | (b) | (c) | (d) |

Cé acu pictiúr a théann leis an bhfógra seo?

2   Cé mhéad seomra codlata atá sa teach seo?

Fógra a Dó

1.

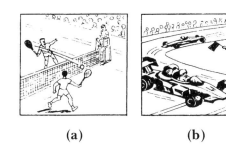  

| (a) | (b) | (c) | (d) |

Cad a bheidh ar siúl Dé Sathairn seo chugainn?

2   Cén uair a bhí an timpiste ag Séamas?

Fógra a Trí

1   Cén áit a mbeidh an díolachán saothair ar siúl?

(a) i leabharlann an choláiste

(b) i halla an phobail

(c) in oifig an phríomhoide

(d) ar an bpáirc pheile

CUID C

Cloisfidh tú *trí cinn* de chomhráite teileafóin sa Chuid seo. Cloisfidh tú gach comhrá díobh *trí huaire*. Cloisfidh tú an comhrá ó thosach deireadh an chéad uair. Ansin cloisfidh tú é ina dhá mhír. Beidh sos tar éis gach míre díobh chun deis a thabhairt duit an cheist a bhaineann leis an mír sin a fhreagairt. Ina dhiaidh sin cloisfidh tú an comhrá ó thosach deireadh arís.

Comhrá a hAon

An Chéad Mhír

1.

| (a) | (b) | (c) | (d) |

Cá raibh Conall le seachtain? ☐

An Dara Mír
2   Cén áit a mbeidh sé ag dul anocht chun staidéar a dhéanamh?

Comhrá a Dó
An Chéad Mhír
1.

| (a) | (b) | (c) | (d) |

Cá mbeidh Úna agus Liam ag dul tráthnóna? ☐

An Dara Mír
2   Cén chaoi ar bhris Liam an fhuinneog?

Comhrá a Trí
An Chéad Mhír
1.

| (a) | (b) | (c) | (d) |

Cad a bheidh ar siúl Dé Sathairn? ☐

An Dara Mír
2   Cá bhfuil Pól anois?

CUID D

Cloisfidh tú *trí cinn* de phíosaí ón raidió sa Chuid seo. Cloisfidh tú gach píosa díobh *faoi dhó*. Éist go cúramach leo agus freagair an *dá* cheist a ghabhann le gach píosa díobh.

Píosa a hAon

1 Cad a rinne daltaí Choláiste Íde aréir?

_____

2 Cén duine cáiliúil a bhí i láthair aréir?

_____

Píosa a Dó

1.

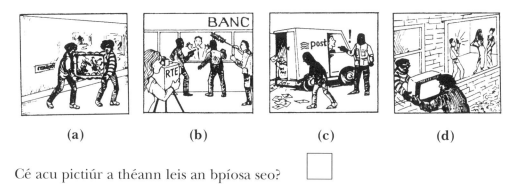

(a)   (b)   (c)   (d)

Cé acu pictiúr a théann leis an bpíosa seo?

2 Goideadh rudaí éigin aréir. Cé mhéad de na rudaí sin a goideadh?

_____

Píosa a Trí

1.

(a)   (b)   (c)   (d)

Cé acu pictiúr a théann leis an bpíosa seo?

2   Cad a tharla don bhean óg i gCorcaigh?

_____

3.

SCRÚDÚ AN TEASTAIS SHÓISEARAIGH, 1993

CUID A

Cloisfidh tú giota ó gach duine de *thriúr* daoine óga sa Chuid seo. Cloisfidh tú gach giota díobh *trí huaire*. Éist go cúramach leo agus líon isteach an t-eolas atá á lorg sna greillí ag **1**, **2** agus **3** thíos.

1. An Chéad Chainteoir

Ainm	Clíona Ní Bhaoill
Aois	
An obair a dhéanann a máthair	
Cluiche amháin a imríonn a deirfiúr	
An caitheamh aimsire atá ag Clíona	

2. An Dara Cainteoir

Ainm	Deirdre Ní Néill
Dath a súl	
Ainm a scoile	
Ábhar scoile amháin a thaitníonn léi	
Ábhar scoile amháin nach dtaitníonn léi	

3. An Tríú Cainteoir

Ainm	Tadhg Ó Tuama
An contae ina bhfuil sé ina chónaí	
An obair a dhéanann a athair	
Caitheamh aimsire amháin atá ag Tadhg	

CUID B

Cloisfidh tú *trí* fhógra sa Chuid seo. Cloisfidh tú gach fógra *faoi dhó*. Éist go cúramach leo. Beidh sos tar éis gach casadh chun deis a thabhairt duit an *dá* cheist a ghabhann le gach fógra díobh a fhreagairt.

Fógra a hAon
1.

| (a) | (b) | (c) | (d) |

Cé acu pictiúr a théann leis an bhfógra?

2   Cén duine cáiliúil a bheidh i láthair?

Fógra a Dó
1.

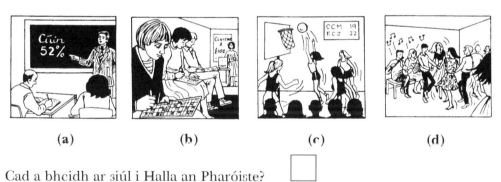

| (a) | (b) | (c) | (d) |

Cad a bheidh ar siúl i Halla an Pharóiste?

2   Cé mhéad airgid a thabharfaidh siad do 'Goal'?

Fógra a Trí
1   Cén contae ina bhfuil an t-óstán?
   (a) Cill Dara   (c) Cill Mhantáin
   (b) Cill Chainnigh (d) Muineachán

2 Scríobh síos **dhá** chineál caitheamh aimsire atá le fáil san óstán.

(i) _____

(ii) _____

CUID C

Cloisfidh tú *trí cinn* de chomhráite teileafóin sa Chuid seo. Cloisfidh tú gach comhrá díobh *trí huaire.* Cloisfidh tú an comhrá ó thosach deireadh an chéad uair. Ansin cloisfidh tú é ina dhá mhír. Beidh sos tar éis gach míre díobh chun deis a thabhairt duit an cheist a bhaineann leis an mír sin a fhreagairt. Ina dhiaidh sin cloisfidh tú an comhrá ó thosach deireadh arís.

Comhrá a hAon
An Chéad Mhír
1.

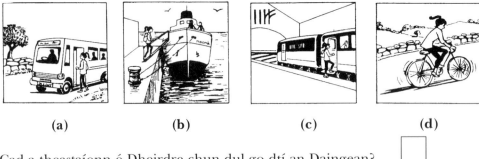

(a)   (b)   (c)   (d)

Cad a theastaíonn ó Dheirdre chun dul go dtí an Daingean?

An Dara Mír
2 Cén timpiste a tharla?

Comhrá a Dó
An Chéad Mhír
1.

(a)   (b)   (c)   (d)

Cad a bheidh á dhéanamh ag Tomás agus ag Úna amárach?

An Dara Mír
2   Cén chaoi a mbeidh an aimsir amárach?

Comhrá a Trí
An Chéad Mhír
1.

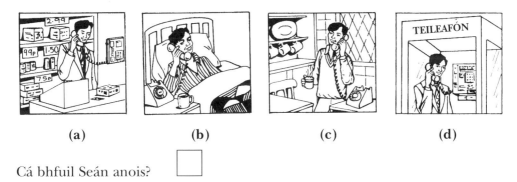

| (a) | (b) | (c) | (d) |

Cá bhfuil Seán anois?

An Dara Mír
2   Cá rachaidh Síle ar a trí a chlog?

CUID D

Cloisfidh tú *trí cinn* de phíosaí ón raidió sa Chuid seo. Cloisfidh tú gach píosa díobh *faoi dhó*. Éist go cúramach leo agus freagair an *dá* cheist a ghabhann le gach píosa díobh.

Píosa a hAon

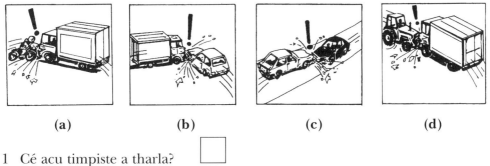

| (a) | (b) | (c) | (d) |

1   Cé acu timpiste a tharla?

2 Cén uair a tharla an timpiste seo?

_____

Píosa a Dó

1.

     (a)   (b)   (c)   (d)

Cé acu pictiúr a théann leis an bpíosa seo?

2 Cén áit in Éirinn inar tharla an eachtra seo?

_____

Píosa a Trí

1 Cén aois a bheidh Bríd ar a lá breithe?

_____

2 Cá bhfuil cónaí ar a hAintín Áine?

_____

4.

SCRÚDÚ AN TEASTAIS SHÓISEARAIGH, 1992

CUID A

Cloisfidh tú giota ó gach duine de _thriúr_ daoine óga sa Chuid seo. Cloisfidh tú gach giota díobh _trí huaire_. Éist go cúramach leo agus líon isteach an t-eolas atá á lorg sna greillí ag **1**, **2** agus **3** thíos.

1. An Chéad Chainteoir

Ainm	_Treasa de Paor_
Aois	
Cé mhéad deirfiúr atá aici?	
Ábhar scoile amháin is maith léi	
Tír a thaitníonn léi	

2. An Dara Cainteoir

Ainm	*Séamas Mac Gearailt*
Dath a ghruaige	
Cé mhéad páistí atá ag a dheirfiúr?	
Cén obair a dhéanann a mháthair?	

3. An Tríú Cainteoir

Ainm	*Méabh Ní Dhónaill*
Cathain a bheidh a lá breithe?	
Ainm a scoile	
Ábhar scoile amháin a thaitníonn léi	
Cén t-ainm atá aici mar pheata?	

CUID B

Cloisfidh tú *trí* fhógra sa Chuid seo. Cloisfidh tú gach fógra *faoi dhó*. Éist go cúramach leo. Beidh sos tar éis gach casadh chun deis a thabhairt duit an *dá* cheist a ghabhann le gach fógra díobh a fhreagairt.

Fógra a hAon
An Chéad Mhír
1.

    (a)   (b)   (c)   (d)

Cé acu pictiúr a théann leis an bhfógra?

An Dara Mír
2 Cá bhfuil na ticéid le fáil?

Fógra a Dó
An Chéad Mhír
1.

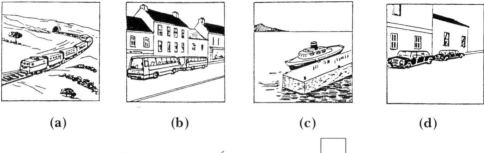

| (a) | (b) | (c) | (d) |

Cén chaoi a rachaidh siad go Baile Átha Cliath? ☐

An Dara Mír
2   Cén uair a bheidh siad ar ais sa bhaile?

Fógra a Trí
An Chéad Mhír
Cad a bheidh ar siúl san ionad pobail Dé Sathairn?
   (a) cúrsa samhraidh
   (b) clár teilifíse
   (c) dioscó-chéilí
   (d) caint ó dhochtúir   ☐

An Dara Mír
Cé mhéad a bheidh le híoc ag na scoláirí ó na coláistí samhraidh?

CUID C

Cloisfidh tú *trí cinn* de chomhráite teileafóin sa Chuid seo. Cloisfidh tú gach comhrá díobh *trí huaire*. Cloisfidh tú an comhrá ó thosach deireadh an chéad uair. Ansin cloisfidh tú é ina dhá mhír. Beidh sos tar éis gach míre díobh chun deis a thabhairt duit an cheist a bhaineann leis an mír sin a fhreagairt. Ina dhiaidh sin cloisfidh tú an comhrá ó thosach deireadh arís.

Comhrá a hAon
An Chéad Mhír

    (a)   (b)   (c)   (d)

Cé acu pictiúr a théann leis an gcomhrá seo?

An Dara Mír
Cén saghas duine a bhí sa scannán a chonaic Síle?

Comhrá a Dó
An Chéad Mhír
1.

    (a)   (b)   (c)   (d)

Cé acu pictiúr a théann leis an gcomhrá seo?

An Dara Mír
2 Cad a dhéanfaidh athair Pheadair dóibh?

Comhrá a Trí
An Chéad Mhír

1.   (a)   (b)   (c)   (d)

Cé acu pictiúr a théann leis an gcomhrá seo?

An Dara Mír

2 Cad deir Cathal faoin slua an lá roimhe sin? (*Dhá phointe.*)

(i) _____

(ii) _____

CUID D

Cloisfidh tú *trí cinn* de phíosaí ón raidió sa Chuid seo. Cloisfidh tú gach píosa díobh *faoi dhó*. Éist go cúramach leo agus freagair an *dá* cheist a ghabhann le gach píosa díobh.

Píosa a hAon

Cén sórt aimsire a bheidh ann anocht?

_____

Cén sórt aimsire a bheidh ann maidin amárach?

_____

Píosa a Dó

(a)    (b)    (c)    (d)

Cé acu pictiúr a théann leis an bpíosa seo?

2 Cé mhéad páistí a bhí sa ghluaisteán?

_____

Píosa a Trí

1.

| (a) | (b) | (c) | (d) |

Cé acu pictiúr a théann leis an bpíosa seo? ☐

2 Cá raibh an fear óg ar an Domhnach sin i Meán Fómhair 1984?

5.

PÁIPÉAR SAMPLACH, 1992

CUID A

Cloisfidh tú giota ó gach duine de *thriúr* daoine óga sa Chuid seo. Cloisfidh tú gach giota díobh *trí huaire*. Éist go cúramach leo agus líon isteach an t-eolas atá á lorg sna greillí ag **1**, **2** agus **3** thíos.

1. An Chéad Chainteoir

Ainm	*Gráinne Ní Mháille*
Aois	
Dath a súl	
Ábhar scoile amháin is maith léi	
Gléas ceoil amháin a sheinneann sí	

2. An Dara Cainteoir

Ainm	*Pádraig Ó Súilleabháin*
Dath a ghruaige	
Ábhar amháin ina bhfuair sé grád A sa Mheánteist	
Dhá chaitheamh aimsire	(i)
	(ii)

3. An Tríú Cainteoir

Ainm	*Sorcha Ní Bhraonáin*
An contae ina bhfuil sí ina cónai	
An bhliain ina bhfuil sí ar scoil	
Ábhar scoile amháin a thaitníonn léi	
Dhá chluiche a imríonn sí ar scoil	(i)
	(ii)

CUID B

Cloisfidh tú *trí* fhógra sa Chuid seo. Cloisfidh tú gach fógra *faoi dhó*. Éist go cúramach leo. Beidh sos tar éis gach casadh chun deis a thabhairt duit an *dá* cheist a ghabhann le gach fógra díobh a fhreagairt.

Fógra a hAon
An Chéad Mhír
1 Cén post atá ag Niall Ó Gallchóir?

   (a) fear poist   (c) príomhoide

   (b) iascaire   (d) cócaire

An Dara Mír
2 Scríobh síos **dhá** chaitheamh aimsire a luaitear.

   (i) _____

   (ii) _____

Fógra a Dó
An Chéad Mhír
1.

    (a)   (b)   (c)   (d)

Cad a bheidh ar siúl san óstán?

An Dara Mír

2 Cé mhéad airgid a bheidh le n-íoc ag an doras?

Fógra a Trí

An Chéad Mhír

1 Cén oíche a bheidh an taispeántas ar siúl?

An Dara Mír

2.

(a)	**(b)**	**(c)**	**(d)**

Cé acu pictiúr a théann leis an bhfógra?

CUID C

Cloisfidh tú *trí cinn* de chomhráite teileafóin sa Chuid seo. Cloisfidh tú gach comhrá díobh *trí huaire*. Cloisfidh tú an comhrá ó thosach deireadh an chéad uair. Ansin cloisfidh tú é ina dhá mhír. Beidh sos tar éis gach míre díobh chun deis a thabhairt duit an cheist a bhaineann leis an mír sin a fhreagairt. Ina dhiaidh sin cloisfidh tú an comhrá ó thosach deireadh arís.

Comhrá a hAon

An Chéad Mhír

1 Cé mhéad ticéad a cheannaigh Cathal?

An Dara Mír

2 Cén t-am a bhuailfidh Cathal agus Áine lena chéile i gclub na n-óg?

Comhrá a Dó

An Chéad Mhír

1 Cad é an t-am a bhí ann nuair a ghlaoigh Brídín ar Phádraig?

An Dara Mír

2   Cén fáth a bhfuil an scoil dúnta?

Comhrá a Trí
An Chéad Mhír
1.

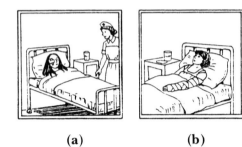  

| (a) | (b) | (c) | (d) |

Cén gortú a tharla do Bhean Uí Dhónaill? ☐

An Dara Mír

2   Cén chaoi a bhfuil Bean Uí Dhónaill anois?

CUID D

Cloisfidh tú *trí cinn* de phíosaí ón raidió sa Chuid seo. Cloisfidh tú gach píosa díobh *faoi dhó*. Éist go cúramach leo agus freagair an *dá* cheist a ghabhann le gach píosa díobh.

Píosa a hAon
1.

| (a) | (b) | (c) | (d) |

Cé acu pictiúr a théann leis an bpíosa seo? ☐

2   Cá bhfuil an bheirt fhear anois?

Píosa a Dó
1.

   (a)   **(b)**   **(c)**   **(d)**

Cé acu pictiúr a théann leis an bpíosa seo?

2   Cé mhéad duine a gortaíodh?

Píosa a Trí
1   Cé a bhí ag imirt sa chluiche seo?

2   Céard a rinne Tony Cascarino i rith an chluiche?

AONAD 2   LÉAMHTHUISCINT
(READING COMPREHENSION)
—CEIST 1

As we have seen, there are three questions to be answered in *roinn 1*.

Ceist 1: Comharthaí agus fógraí (nó focail) a chur le pictiúir (matching signs and notices with pictures).

Hint
You should be looking out for signs and notices that are to be seen about the place, and in particular
- *in irisí* (in magazines)
- *sna nuachtáin* (in the papers)
- *ar an teilifís* (on television)
- *timpeall na scoile* (around the school)

COMHARTHAÍ (SIGNS, NOTICES)
- *Comharthaí bóthair* (road signs)
- *Comharthaí a bhíonn le feiceáil sa scoil, sa leabharlann, agus timpeall na háite* (signs and notices to be seen in the school, the library, and about the place).

How to answer ceist 1
You should first read the signs or announcements that are numbered 1–10, and then look at the pictures A–J. You should then fill in the answers you are certain of, and finish the exercise by a process of elimination. And remember: don't leave any blank space, and don't write two answers in one space.

VOCABULARY
I would recommend that you learn the following vocabulary, as these words come up very regularly in *ceist 1*.

caillte (lost)
aire (caution, beware)
contúirteach/baolach (dangerous)
cosc (prohibition)
cosc ar pháirceáil (parking prohibited)
dúnta (closed)

seomra feithimh (waiting-room)
seomra na dteangacha (language room)
bialann/proinnteach (restaurant)
seachain (avoid)
ar oscailt (open)
amharclann (theatre)

34

leabharlann (library)

ollmhargadh (supermarket)

de bharr, de dheasca (because of)

baol/contúirt/dainséar (danger)

géill slí (yield, give way)

ceadaithe (permitted)

dráma (a play)

ná (don't)

cóisir (a party)

ar cíos (for rent)

ar dualgas (on duty)

lárionad (centre)

ciúnas (silence)

múch (extinguish)

comórtas (competition)

ag teastáil (wanted)

seomra feistis (dressing-room)

carrchlós (car park)

garáiste (garage)

le fáil (available)

le díol (for sale)

sladmhargadh (a bargain)

go mall (slowly)

SCRÚDÚ AN TEASTAIS SHÓISEARAIGH, 1996
ROINN 1—LÉAMHTHUISCINT (110 marc)
This is a worked example.

FREAGAIR *GACH* CEIST.

[N.B. Ní mór na freagraí ar na ceisteanna sa roinn seo a scríobh sna spásanna cuí ar an gceistpháipéar seo.]

Ceist 1   Meaitseáil na pictiúir agus na fógraí/comharthaí sna boscaí thíos agus scríobh na litreacha is fearr a fhreagraíonn do na huimhreacha, dar leat, sna spásanna cuí ar an ngreille.   (20 marc)

Tóg den talamh é! Coinnigh slacht ar do cheantar 1	
Cúrsa ealaíne Ranganna do dhaoine fásta 2 Dé Céadaoin 8:00 i.n.	
Siopa búistéara *Uaineoil den scoth* 3 *£1.90 an punt*	
Stiúideo faisin Ag teastáil: Grianghrafadóir 4 cumasach	
Cúrsa seoltóireachta 9–16 Iúil (ag brath ar an aimsir) 5 Cumann Húicéirí na Gaillimhe	
Aire! *Ba ag trasnú* 6	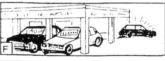
Oíche Shamhna **Cóisir do dhéagóirí** 7 **Tabhair leat do scuab!**	
Garáiste Uí Néill *Gluaisteáin de gach sórt* 8 *Nua agus athláimhe*	
Adhmad Chonamara Tta Obair shiúinéireachta 9 ar phraghas réasúnta	
Comórtas Iascaireachta *Loch Measca* 10 *Duais speisialta don bhreac is mó!*	

The correct answers:

Uimhir	Litir
1	E
2	G
3	A
4	I
5	B
6	J
7	C
8	F
9	D
10	H

1.

SCRÚDÚ AN TEASTAIS SHÓISEARAIGH, 1995

Ceist 1   Meaitseáil na pictiúir agus na fógraí/comharthaí sna boscaí thíos agus scríobh na litreacha is fearr a fhreagraíonn do na huimhreacha, dar leat, sna spásanna cuí ar an ngreille.   (20 marc)

Iarnród Éireann Bróisiúr '97 1 Le fáil ag stáisiún ar bith	
Rang cócaireachta le *Máirín sa 'Chistin'* 2 *Dé Céadaoin, 8:30 i.n.*	
Aire! Daltaí ag gabháil trasna 3 Pobalscoil Chloich Chionnaola	
Aer Árann *Eitiltí gach lá* 4 *Teileafón (091) 93034*	
Cosc ar champáil **Ordú ó Chomhairle** 5 **Contae na Mí**	
Salon Denise Gruagaire 6 Don stíl is fearr	
Lárionad Garraíodóireachta na Mara 7 *Gach rud don ghairdín le fáil*	
Taispeántas ealaíne *sa Dánlann Náisiúnta* 8 *Pictiúir le Jack B. Yeats*	
Seomra Corpoideachais gafa ag an múinteoir 9 corpoideachais	
Aire! **Tiomáin go mall** 10 **Duganna gan chosaint**	

Uimhir	Litir
1	
2	
3	
4	
5	
6	
7	
8	
9	
10	

2.

Ceist 1   Meaitseáil na pictiúir agus na fógraí/comharthaí sna boscaí thíos agus scríobh na litreacha is fearr a fhreagraíonn do na huimhreacha, dar leat, sna spásanna cuí ar an ngreille.   (20 marc)

1 Fógra Ná tugtar bia do na hainmhithe	**A**
2 *Ná siúltar ar an bhféar*	**B**
3 *Le díol Teach aon urlár agus 25 acra leis*	**C**
4 CRUINNIÚ POIBLÍ AR SIÚL HALLA AN PHARÓISTE	**d**
5 *'Buy and sell' Carina, 1988, le díol Praghas £3,455*	**E**
6 *Oíche cheoil Tigh John Joe Oíche Aoine*	**F**
7 **Cluiche Ceannais An Fhiann v. Clann na nGael**	**G**
8 Fógra **Ciúnas sa leabharlann Le do thoil**	**H**
9 Caillte Mála scoile dubh Eolas go hoifig na scoile	**i**
10 Linn snámha Ar oscailt 6:00–9:00	**J**

Uimhir	Litir
1	
2	
3	
4	
5	
6	
7	
8	
9	
10	

3.

Ceist 1 Meaitseáil na pictiúir agus na fógraí/comharthaí sna boscaí thíos agus scríobh na litreacha is fearr a fhreagraíonn do na huimhreacha, dar leat, sna spásanna cuí ar an ngreille. (20 marc)

1	*Aire* *Cosc* *ar shnámh*
2	Carbhán le díol Fón (042) 92154
3	*Oíche dhrámaíochta* *Amharclann* *na Rinne*
4	**Bí aireach** **TARBH** **sa pháirc**
5	Seomra feithimh
6	*Caillte* *i mBéal an Mhuirthead* *Bráisléad óir*
7	Teach ar cíos san Eachléim Slí do naonúr nó deichniúr Fón (098) 78673
8	**Aire** **Duganna gan chosaint** **Tiomáin go mall**
9	STAILC AR SIÚL ANSEO
10	Seomra feistis na mbuachaillí

A, B, C, D, E, F, G, H, I, J (pictiúir)

Uimhir	Litir
1	
2	
3	
4	
5	
6	
7	
8	
9	
10	

4.

Ceist 1   Meaitseáil na pictiúir agus na fógraí/comharthaí sna boscaí thíos agus scríobh na litreacha is fearr a fhreagraíonn do na huimhreacha, dar leat, sna spásanna cuí ar an ngreille.   (20 marc)

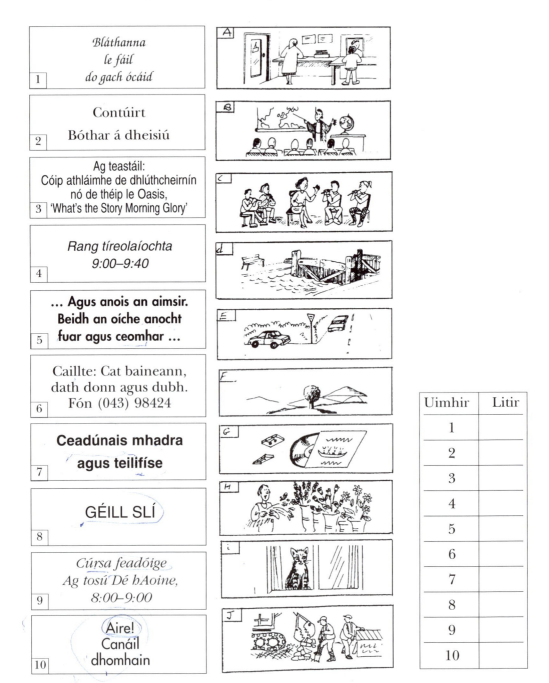

1 | *Bláthanna le fáil do gach ócáid*

2 | Contúirt Bóthar á dheisiú

3 | Ag teastáil: Cóip athláimhe de dhlúthcheirnín nó de théip le Oasis, 'What's the Story Morning Glory'

4 | *Rang tíreolaíochta 9:00–9:40*

5 | ... Agus anois an aimsir. Beidh an oíche anocht fuar agus ceomhar ...

6 | Caillte: Cat baineann, dath donn agus dubh. Fón (043) 98424

7 | Ceadúnais mhadra agus teilifíse

8 | GÉILL SLÍ

9 | *Cúrsa feadóige Ag tosú Dé hAoine, 8:00–9:00*

10 | Aire! Canáil dhomhain

Uimhir	Litir
1	
2	
3	
4	
5	
6	
7	
8	
9	
10	

5.

Ceist 1   Meaitseáil na pictiúir agus na fógraí/comharthaí sna boscaí thíos agus scríobh na litreacha is fearr a fhreagraíonn do na huimhreacha, dar leat, sna spásanna cuí ar an ngreille.   (20 marc)

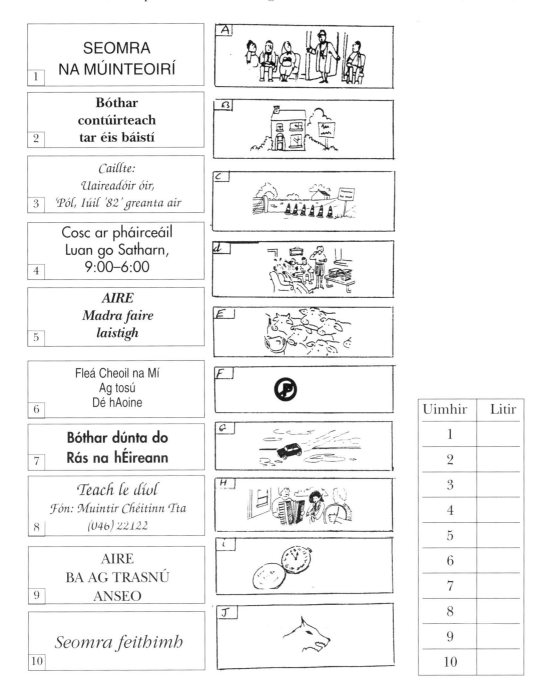

Uimhir	Litir
1	
2	
3	
4	
5	
6	
7	
8	
9	
10	

6.

SCRÚDÚ AN TEASTAIS SHÓISEARAIGH, 1994

Ceist 1   Meaitseáil na pictiúir agus na fógraí/comharthaí sna boscaí thíos agus scríobh na litreacha is fearr a fhreagraíonn do na huimhreacha, dar leat, sna spásanna cuí ar an ngreille.   (20 marc)

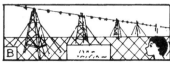

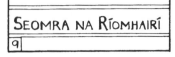

Uimhir	Litir
1	
2	
3	
4	
5	
6	
7	
8	
9	
10	

7.

Ceist 1 Meaitseáil na pictiúir agus na fógraí/comharthaí sna boscaí thíos agus scríobh na litreacha is fearr a fhreagraíonn do na huimhreacha, dar leat, sna spásanna cuí ar an ngreille.   (20 marc)

Caladh dúnta de dheasca stoirme 1	A
Láithreán campála £5 an oíche 2	B
TEILEAFÓN 3	C
Sladmhargadh *Bróga spóirt* *ar leathphraghas* 4	d
Fógra Cosc ar pháirceáil 10:00–6:00 5	E
Saotharlann na scoile 6	F
FÓGRA *Ná caitear tobac* 7	G
AIRE **Bóthar casta romhat** 8	H
Cúrsaí oíche *Cláraigh anseo* 9	i
AIRE BA AG TRASNÚ ANSEO 10	J

Uimhir	Litir
1	
2	
3	
4	
5	
6	
7	
8	
9	
10	

8.

Ceist 1 Meaitseáil na pictiúir agus na fógraí/comharthaí sna boscaí thíos agus scríobh na litreacha is fearr a fhreagraíonn do na huimhreacha, dar leat, sna spásanna cuí ar an ngreille.   (20 marc)

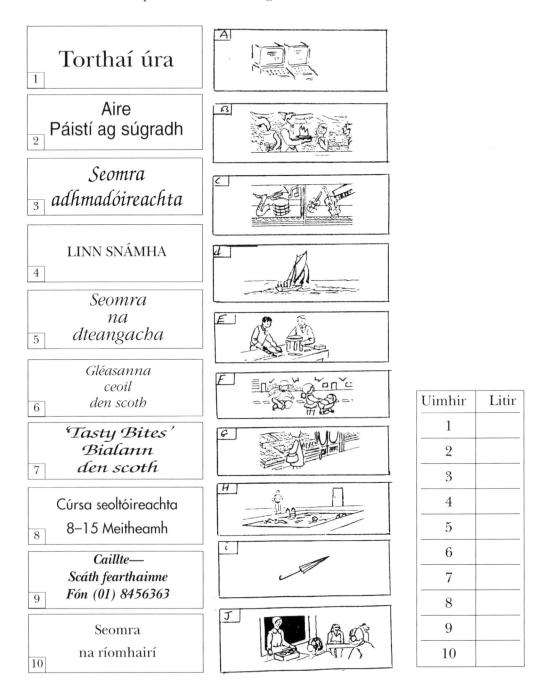

1	Torthaí úra
2	Aire Páistí ag súgradh
3	*Seomra adhmadóireachta*
4	LINN SNÁMHA
5	*Seomra na dteangacha*
6	*Gléasanna ceoil den scoth*
7	*'Tasty Bites' Bialann den scoth*
8	Cúrsa seoltóireachta 8–15 Meitheamh
9	*Caillte— Scáth fearthainne Fón (01) 8456363*
10	Seomra na ríomhairí

Uimhir	Litir
1	
2	
3	
4	
5	
6	
7	
8	
9	
10	

9.

Ceist 1   Meaitseáil na pictiúir agus na fógraí/comharthaí sna boscaí thíos agus scríobh na litreacha is fearr a fhreagraíonn do na huimhreacha, dar leat, sna spásanna cuí ar an ngreille.   (20 marc)

10.

Ceist 1 Meaitseáil na pictiúir agus na fógraí/comharthaí sna boscaí thíos agus scríobh na litreacha is fearr a fhreagraíonn do na huimhreacha, dar leat, sna spásanna cuí ar an ngreille. (20 marc)

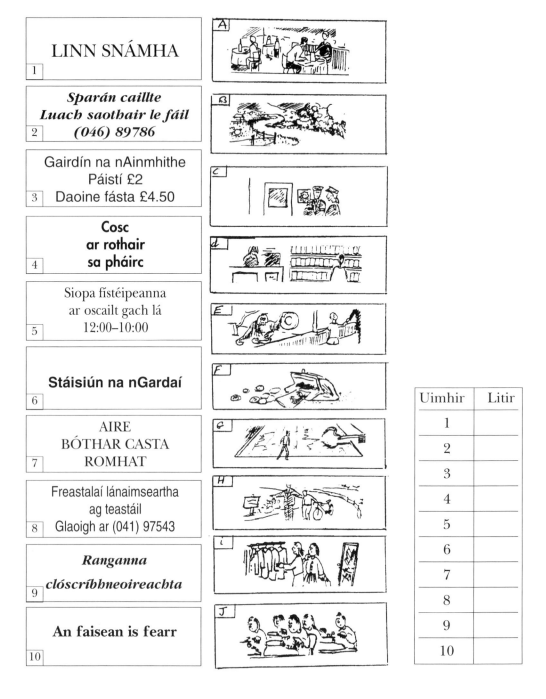

LINN SNÁMHA	
1	

Sparán caillte Luach saothair le fáil (046) 89786	
2	

Gairdín na nAinmhithe Páistí £2 Daoine fásta £4.50	
3	

Cosc ar rothair sa pháirc	
4	

Siopa fístéipeanna ar oscailt gach lá 12:00–10:00	
5	

Stáisiún na nGardaí	
6	

AIRE BÓTHAR CASTA ROMHAT	
7	

Freastalaí lánaimseartha ag teastáil Glaoigh ar (041) 97543	
8	

Ranganna clóscríbhneoireachta	
9	

An faisean is fearr	
10	

Uimhir	Litir
1	
2	
3	
4	
5	
6	
7	
8	
9	
10	

11.

SCRÚDÚ AN TEASTAIS SHÓISEARAIGH, 1992

Ceist 1   Meaitseáil na pictiúir agus na fógraí/comharthaí sna boscaí thíos agus
scríobh na litreacha is fearr a fhreagraíonn do na huimhreacha, dar
leat, sna spásanna cuí ar an ngreille.   (20 marc)

Uimhir	Litir
1	
2	
3	
4	
5	
6	
7	
8	
9	
10	

12.

Ceist 1 Meaitseáil na pictiúir agus na fógraí/comharthaí sna boscaí thíos agus scríobh na litreacha is fearr a fhreagraíonn do na huimhreacha, dar leat, sna spásanna cuí ar an ngreille. (20 marc)

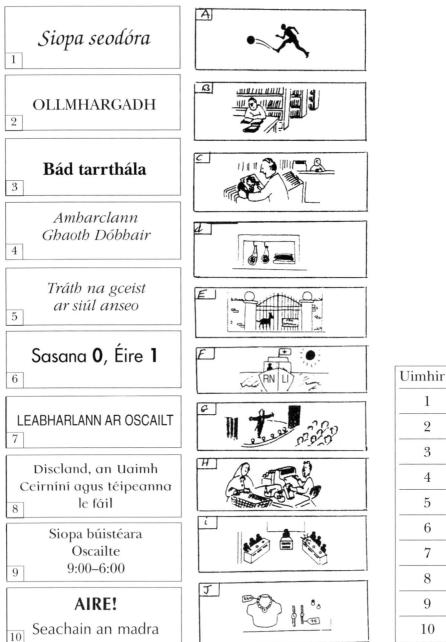

Uimhir	Litir
1	
2	
3	
4	
5	
6	
7	
8	
9	
10	

The boxes on the left contain:

1. *Siopa seodóra*
2. OLLMHARGADH
3. **Bád tarrthála**
4. *Amharclann Ghaoth Dóbhair*
5. *Tráth na gceist ar siúl anseo*
6. Sasana **0**, Éire **1**
7. LEABHARLANN AR OSCAILT
8. Discland, an Uaimh Ceirníní agus téipeanna le fáil
9. Siopa búistéara Oscailte 9:00–6:00
10. **AIRE!** Seachain an madra

13.

Ceist 1   Meaitseáil na pictiúir agus na fógraí/comharthaí sna boscaí thíos agus scríobh na litreacha is fearr a fhreagraíonn do na huimhreacha, dar leat, sna spásanna cuí ar an ngreille.   (20 marc)

Níl sé ceadaithe toitíní a chaitheamh anseo 1	A
Liam agus Áine ag snámh san fharraige 2	B
Rothair le díol sa siopa seo 3	C
Eacnamaíocht bhaile 4	d
An rang adhmadóireachta 5	E
Ag siopadóireacht sa bhaile mór 6	F
Bialann na Scoile Lón le fáil, 1:00–1:45 7	G
Dráma na scoile ar siúl anseo anocht 8	H
FÓGRA: NÁ PÁIRCEÁIL ANSEO 9	I
Cóisir na Nollag Fáilte isteach 10	J

Uimhir	Litir
1	
2	
3	
4	
5	
6	
7	
8	
9	
10	

14.

Ceist 1   Meaitseáil na pictiúir agus na fógraí/comharthaí sna boscaí thíos agus scríobh na litreacha is fearr a fhreagraíonn do na huimhreacha, dar leat, sna spásanna cuí ar an ngreille.   (20 marc)

Faighte:
bráisléad óir
Teileafón (097) 90889
1

CAILLTE:
Coileán sé mhí—'Bran'.
Fón (022) 498769
2

Ná tugtar bia
do na lachain
3

Caillte: bonn óir
'Peil faoi 12' ar a chúl
Bosca 97
4

Banaltra ar dualgas
5

Lárionad
Siopadóireachta
na Cathrach
6

Seomra feithimh
7

SIOPA CRUA-EARRAÍ
8

DAINSÉAR!
Ná téigh ag snámh
san áit seo
9

Teanglann
10

Uimhir	Litir
1	
2	
3	
4	
5	
6	
7	
8	
9	
10	

15.

Ceist 1 Meaitseáil na pictiúir agus na fógraí/comharthaí sna boscaí thíos agus scríobh na litreacha is fearr a fhreagraíonn do na huimhreacha, dar leat, sna spásanna cuí ar an ngreille. (20 marc)

1 Feirm mhór thalún le díol 200 acra £750,000	
2 AIRE! Bóthar á dheisiú romhat	
3 Stáisiún Peitril 'Jet' An Uaimh *Ar oscailt go meán oíche*	
4 Páirc Tailteann: Uí Mathúna *v.* Dún Doire	
5 Ná tugtar bia do na hainmhithe	
6 **Féile Dhrámaíochta na Mí 12–17 Feabhra**	
7 Troscán le fáil Sladmhargadh Praghsanna íslithe	
8 Tithe nua le díol Teach taispeána le feiceáil Dé Domhnaigh, 2:00–5:30	
9 *Seomra ceoil*	
10 Nuachtáin, leabhair, cóipleabhair, milseáin le fáil anseo	

Uimhir	Litir
1	
2	
3	
4	
5	
6	
7	
8	
9	
10	

16.

Ceist 1   Meaitseáil na pictiúir agus na fógraí/comharthaí sna boscaí thíos agus scríobh na litreacha is fearr a fhreagraíonn do na huimhreacha, dar leat, sna spásanna cuí ar an ngreille.   (20 marc)

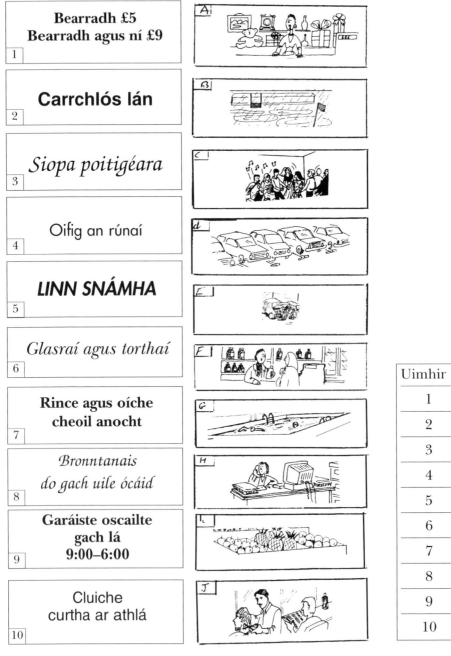

Bearradh £5 / Bearradh agus ní £9	1
Carrchlós lán	2
Siopa poitigéara	3
Oifig an rúnaí	4
LINN SNÁMHA	5
Glasraí agus torthaí	6
Rince agus oíche cheoil anocht	7
Bronntanais do gach uile ócáid	8
Garáiste oscailte gach lá 9:00–6:00	9
Cluiche curtha ar athlá	10

Uimhir	Litir
1	
2	
3	
4	
5	
6	
7	
8	
9	
10	

17.

Ceist 1 Meaitseáil na pictiúir agus na fógraí/comharthaí sna boscaí thíos agus scríobh na litreacha is fearr a fhreagraíonn do na huimhreacha, dar leat, sna spásanna cuí ar an ngreille. (20 marc)

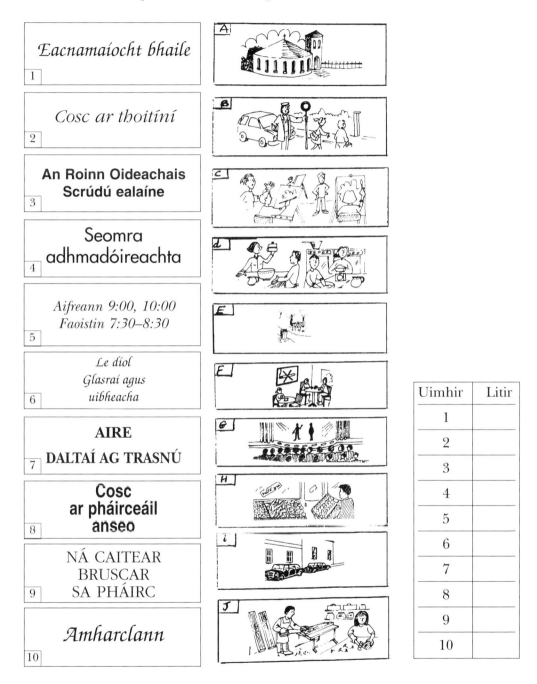

Uimhir	Litir
1	
2	
3	
4	
5	
6	
7	
8	
9	
10	

18.

Ceist 1 Meaitseáil na pictiúir agus na fógraí/comharthaí sna boscaí thíos agus scríobh na litreacha is fearr a fhreagraíonn do na huimhreacha, dar leat, sna spásanna cuí ar an ngreille. (20 marc)

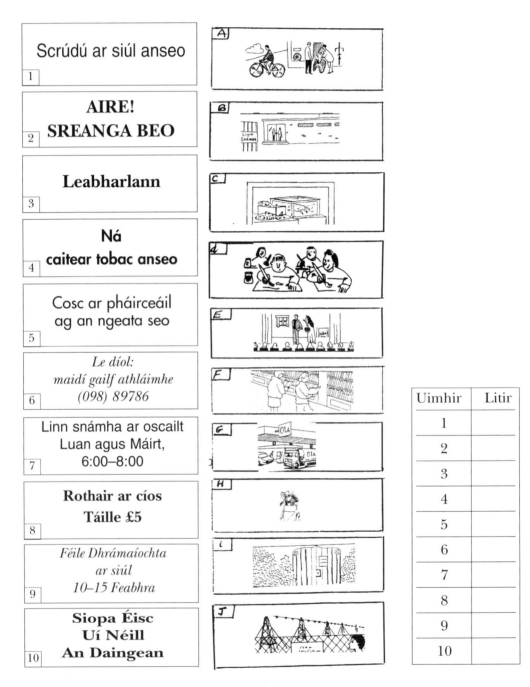

Uimhir	Litir
1	
2	
3	
4	
5	
6	
7	
8	
9	
10	

19.

Ceist 1 Meaitseáil na pictiúir agus na fógraí/comharthaí sna boscaí thíos agus scríobh na litreacha is fearr a fhreagraíonn do na huimhreacha, dar leat, sna spásanna cuí ar an ngreille. (20 marc)

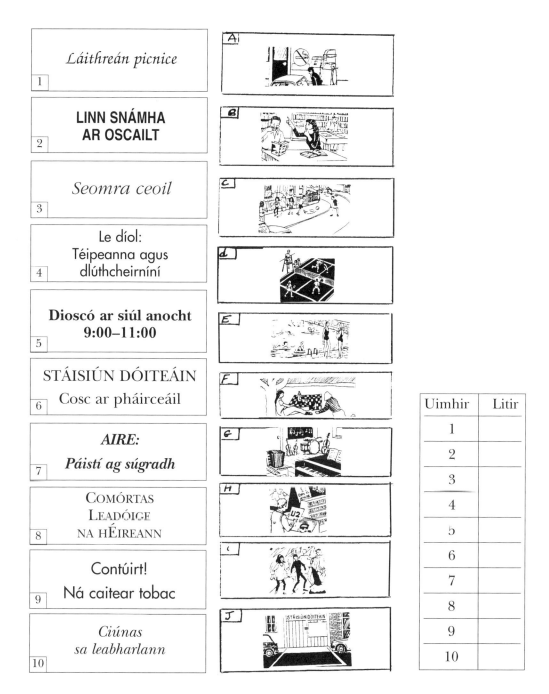

1 *Láithreán picnice*	A
2 **LINN SNÁMHA AR OSCAILT**	B
3 *Seomra ceoil*	C
4 Le díol: Téipeanna agus dlúthcheirníní	d
5 **Dioscó ar siúl anocht 9:00–11:00**	E
6 STÁISIÚN DÓITEÁIN Cosc ar pháirceáil	F
7 *AIRE: Páistí ag súgradh*	G
8 COMÓRTAS LEADÓIGE NA hÉIREANN	H
9 Contúirt! Ná caitear tobac	I
10 *Ciúnas sa leabharlann*	J

Uimhir	Litir
1	
2	
3	
4	
5	
6	
7	
8	
9	
10	

20.

Ceist 1 Meaitseáil na pictiúir agus na fógraí/comharthaí sna boscaí thíos agus scríobh na litreacha is fearr a fhreagraíonn do na huimhreacha, dar leat, sna spásanna cuí ar an ngreille. (20 marc)

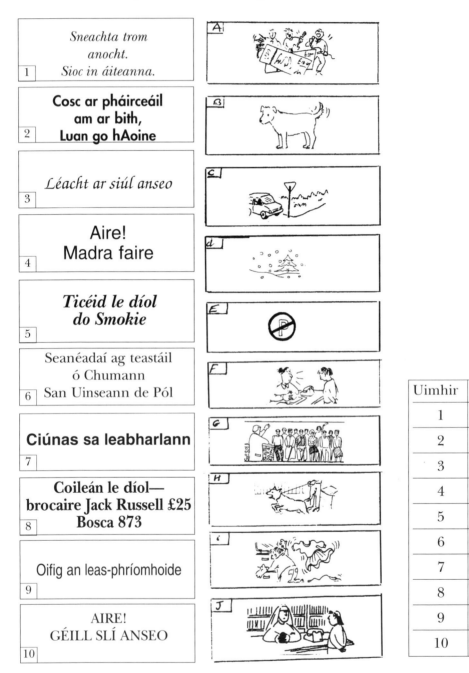

Uimhir	Litir
1	
2	
3	
4	
5	
6	
7	
8	
9	
10	

21.

Ceist 1   Meaitseáil na pictiúir agus na fógraí/comharthaí sna boscaí thíos agus scríobh na litreacha is fearr a fhreagraíonn do na huimhreacha, dar leat, sna spásanna cuí ar an ngreille.   (20 marc)

Turas go dtí an t-oileán 1	
Glasraí agus torthaí le díol anseo 2	
AIRE! Cosc ar shnámh anseo 3	
Pictiúrlann an Lyric Inniu: John Wayne, *The Shootist* 4	
Carrchlós Uair an chloig: 70p Dhá uair: £1.10 5	
OIBRÍ AG TEASTÁIL 6	
Garáiste ar oscailt 7	
Contúirl! ***Madra faire*** 8	
Oíche cheoil agus spraoi anocht, *9:00–11:30* 9	
Lóistín oíche le fáil Seomraí £15 10	

Uimhir	Litir
1	
2	
3	
4	
5	
6	
7	
8	
9	
10	

22.

Ceist 1 Meaitseáil na pictiúir agus na fógraí/comharthaí sna boscaí thíos agus scríobh na litreacha is fearr a fhreagraíonn do na huimhreacha, dar leat, sna spásanna cuí ar an ngreille. (20 marc)

Uimhir	Litir
1	
2	
3	
4	
5	
6	
7	
8	
9	
10	

23.

Ceist 1   Meaitseáil na pictiúir agus na fógraí/comharthaí sna boscaí thíos agus scríobh na litreacha is fearr a fhreagraíonn do na huimhreacha, dar leat, sna spásanna cuí ar an ngreille.   (20 marc)

Uimhir	Litir
1	
2	
3	
4	
5	
6	
7	
8	
9	
10	

24.

Ceist 1   Meaitseáil na pictiúir agus na fógraí/comharthaí sna boscaí thíos agus scríobh na litreacha is fearr a fhreagraíonn do na huimhreacha, dar leat, sna spásanna cuí ar an ngreille.   (20 marc)

1. Teach tábhairne dúnta de dheasca dóiteáin	
2. Seomra feistis na mbuachaillí	
3. *Camógaíocht: Craobh an Chontae Béal an Átha v. Béal an Mhuirthead*	
4. Láithreán campála agus carbhán	
5. ***Contúirt! Madra faire Fan amach!***	
6. **SAOTHARLANN**	
7. *Cumann Lúthchleas Gael An Mhí v. Ciarraí*	
8. AIRE! Caoirigh ag trasnú	
9. *Ranganna ceoil Áras na nGael, Londain Fáilte isteach*	
10. Comórtas fichille Dé Domhnaigh, 7:00	

Uimhir	Litir
1	
2	
3	
4	
5	
6	
7	
8	
9	
10	

AONAD 3

LÉAMHTHUISCINT (FÓGRAÍ) —CEIST 2 (A AGUS B)

You will be asked to read various notices (*fógraí*) and to answer questions about them in this section.

- *Fógraí scoile* (school notices or announcements)
- *Fógraí ginearálta* (general notices)
- *Fógraí d'fhéilte* (about festivals)
- *Fógraí faoi bhiachláir* (about menus)
- *Fógraí faoi chláir ama busanna, scoile, eitleán, traenacha* (about timetables for buses, school, flights, trains, etc.)
- *Fógraí faoi fhoirmeacha iarratais* (about application forms)
- *Sceidil clár teilifíse agus raidió* (schedules of television and radio programmes)

How to answer ceist 2

'Freagair do rogha *dhá cheann* de (*a*), (*b*) agus (*c*) anseo thíos.' You are required to answer *any two* of (*a*), (*b*), and (*c*). Both (*a*) and (*b*) are *fógraí* (notices), while (*c*) is a poem. You should note that there are equal marks for each section—i.e. 15 + 15 marks.

Your answers should be written on the answer sheet, and of course in Irish. It is sufficient to write short sentences, or even single-word answers. All questions should be attempted.

TIPS FOR ANSWERING THESE QUESTIONS

- You should be familiar with and learn off by heart the *patrúin cheisteacha* (question patterns) on page viii.
- Questions and answers will usually follow the sequence of the notice or announcement or the poem, i.e. first question at or towards the beginning, and so on.
- You should avoid 'lucky dip answers', i.e. giving a whole lot of information from the passage or poem and hoping the answer is in there somewhere. This does not impress examiners—quite the opposite.

Páipéar samplach 1
This is a worked example.

SCRÚDÚ AN TEASTAIS SHÓISEARAIGH, 1996

Ceist 2

(*a*)　Léigh an *fógra* seo a leanas agus freagair na ceisteanna a ghabhann
leis.   (15 marc)

Scoil Mhuire
An Clochán

FÉILE EALAÍNE
16–20 Meán Fómhair

DÉ LUAIN

10:00 a.m.	Oscailt oifigiúil le Mary O'Malley, file
11:00 a.m.	Taispeántas ealaíne, sa leabharlann
2:00 p.m.	Turas chuig Lárionad Potaireachta Chonamara

DÉ MÁIRT

10:00 a.m.	Díospóireacht: 'Níl aon chultúr fágtha in Éirinn', sa leabharlann
1:00 p.m.	An scannán *Poitín* le Bob Quinn, san amharclann
7:30 p.m.	Ceolchoirm rock, sa halla spóirt

DÉ CÉADAOIN

10:00 a.m.	Comórtas rince nua-aimseartha sa halla spóirt
12:00	Siúlóid stairiúil timpeall an cheantair le Tim Robinson
3:00 p.m.	Cuairt ó Michael D. Higgins TD, aire Rialtais agus file

DÉARDAOIN

10:00 a.m.	Caint ó Don Conroy (RTE) ar 'Conas péinteáil ar bheagán airgid', sa seomra ealaíne
12:00	Comórtas rincí seit, sa halla spóirt
3:00 p.m.	An dráma *Grásta i Meiriceá* le hAntaine Ó Flaithearta, á léiriú ag Club Drámaíochta na Scoile san amharclann.

DÉ hAOINE

10:00 a.m.	Ceardlann filíochta le Máire Mhac an tSaoi, sa leabharlann
7:30 p.m.	Céilí mór sa halla spóirt; ceoltóirí: Jim Mullen agus a chairde

(i) Ainmnigh beirt fhilí a bheidh ag teacht chuig an scoil i rith na seachtaine.

Mary O'Malley, Michael D. Higgins, Máire Mhac an tSaoi.

(ii) Beidh baint ag *damhsa* le roinnt de na himeachtaí seo. Ainmnigh *dhá cheann* díobh.

Comórtas rince nua-aimseartha, comórtas rincí seit, céilí mór.

(iii) Cén lá a bheidh an dráma ar siúl? Cén áit? Cé a scríobh an dráma?

Déardaoin, san amharclann, Antaine Ó Flaithearta

Páipéar samplach 2
This is a worked example.

SCRÚDÚ AN TEASTAIS SHÓISEARAIGH, 1996

Ceist 2

(*b*)   Léigh an *fógra* seo a leanas agus freagair na ceisteanna a ghabhann leis.   (15 marc)

'COIS LIFE'
Eastát nua de 150 teach ar ardchaighdeán
An Nás, Co. Chill Dara

Suíomh álainn • Tríocha nóiméad ó Bhaile Átha Cliath • Ar bhruach na Life

Teach A (£65,000)
- Trí sheomra codlata
- Cistin mhór, le cuisneoir agus le cócaireán leictreach
- Seomra suí
- Garáiste (*nó* seomra staidéir, más fearr leat)
- Téamh lárnach (gás)

Teach B (£95,000)
- Ceithre sheomra codlata
- Cistin an-mhór, le meaisín níocháin, cócaireán leictreach, oigheann micrea-thonnach, miasniteoir, cuisneoir
- Dhá sheomra suí
- Garáiste dúbailte
- Seomra staidéir
- Téamh larnach (gás)
- Aláram
- Gairdíní deartha ag Gerry Daly

Cois Life

Tá tithe 'Cois Life' cúig nóiméad ón Nás, agus tá go leor áiseanna sa cheantar: scoileanna, lárionad siopadóireachta, tithe tábhairne, séipéal Caitlíceach, eaglais Phrotastúnach, agus lárionad gleacaíochta, mar aon le linn snámha agus páirceanna imeartha. Má thaitníonn iascaireacht leat, tá an Life díreach in aice leat.

Tuilleadh eolais: Foirgneoirí de Brún Tta, teileafón (041) 29876.

(i)   Cén fáth a dtugtar 'Cois Life' ar an eastát nua seo?

Mar tá sé ar bhruach na Life.

(ii) Luaigh *dhá* rud atá sa chistin i dteach B nach bhfuil sa chistin i dteach A.

Meaisín níocháin, oigheann micreathonnach, miasniteoir.

(iii) Is maith leat cúrsaí spóirt. Cad tá sa cheantar seo duitse? (Is leor *dhá* rud.)

Lárionad gleacaíochta, linn snámha, páirceanna imeartha, agus abhainn na Life (don iascaireacht).

Páipéar samplach 3
This is a worked example.

Ceist 2

(a)   Léigh an *fógra* seo a leanas agus freagair na ceisteanna a ghabhann leis.   (15 marc)

 1996
'Fáilte Abhaile'
Dúiche Sheoigeach
Dé Sathairn 3 Lúnasa–Dé Domhnaigh 11 Lúnasa

Dé Sathairn 3 Lúnasa 1996

8:00 p.m.	Aifreann, Séipéal an Chroí Ró-Naofa, Corr na Móna
9:00 p.m.	Fáilte oifigiúil agus seisiún ceoil, Áras Pobail Chorr na Móna

Dé Domhnaigh 4 Lúnasa 1996

10:00 a.m.–4:00 p.m.	Ceardlann rince seit, an Mám
2:00 p.m.	Turas go Máméan
3:00 p.m.	Aifreann ar Mháméan

Dé Luain 5 Lúnasa 1996

10:00 a.m.	Comórtas iascaireachta, an Mám
2:00 p.m.	Lá spóirt sa pháirc imeartha, Corr na Móna

Tabharfaidh an tseachtain seo siar ar bhóithrín na smaointe thú. Bain sásamh agus pléisiúr as imeachtaí na seachtaine seo.

Eolas faoi lóistín: teileafón (092) 48044.

(i)   Cad a bheidh ar siúl Dé Sathairn?

Aifreann ar 8 p.m., fáilte oifigiúil, agus seisiún ceoil.

(ii)   Beidh roinnt de na himeachtaí ar siúl Dé Domhnaigh. Ainmnigh *dhá cheann* díobh.

Ceardlann rince seit; turas go Mámléan; agus Aifreann ar Mhámléan.

[Luaigh aon dá cheann as na trí cinn seo.]

(iii)   Beidh comórtas iascaireachta ar siúl. Cén lá? Cén t-am?

Dé Luain ar 10 ar maidin.

1.

SCRÚDÚ AN TEASTAIS SHÓISEARAIGH, 1995

Ceist 2

(*a*)   Léigh an *fógra* seo a leanas agus freagair na ceisteanna a ghabhann
leis.   (15 marc)

POBALSCOIL CHIARÁIN

COMÓRADH 21 BLIAIN, 1975–1996

10–13 BEALTAINE

DEIREADH SEACHTAINE SPRAOI!

Dé hAoine	**Lá spóirt!**
10:00 a.m.	Cluichí páirce i bPáirc Uí Bhriain • peil • sacar • camógaíocht • haca • iománaíocht
12:00	Rásaí trastíre do chailíní agus do bhuachaillí
2:00 p.m.	Rásaí snámha i linn snámha Cheanannais
3:00 p.m.	Cluichi taobh istigh • leadóg bhoird • cispheil • eitpheil, sa halla spóirt
Dé Sathairn	
10:00 a.m.–1.00 p.m.	Díolachán carraí ar son 'Goal', i halla na scoile • leabhair • ceirníní • cluichí ríomhaireachta • bréagáin
2:00–4:00 p.m.	Ceolchoirm thraidisiúnta ar son pháistí na Rómáine Cead isteach: £2.50
Dé Domhnaigh	
2:30 p.m.	Cuairt ar an scoil ón Aire Oideachais, Niamh Bhreathnach TD.
3:00 p.m.	Taispeántas faisin ar son Chumann San Uinseann de Pól, i halla na scoile Cead isteach: £3
5:00 p.m.	Dráma: *An Pháirc* le John B. Keane, in amharclann na scoile
Dé Luain	**Lá saor!**
	Lá breithe sona dúinn!

(i) Beidh roinnt de na himeachtaí ar siúl amuigh faoin aer Dé hAoine. Ainmnigh *dhá cheann* díobh.

(ii) Cá rachaidh an t-airgead a shaothróidh siad ar an gceolchoirm thraidisiúnta?

(iii) Cén duine oifigiúil a bheidh ag teacht ar cuairt go dtí an scoil? Cén lá? Cén t-am?

Ceisteanna breise (15 marc)

(iv) Cad a bheidh ar siúl i halla na scoile Dé Sathairn?

(v) Cá mbeidh an comóradh ar siúl? Cathain?

(vi) Cén fáth a mbeidh 'lá saor' ar an Luan?

2.
Ceist 2

(*a*) Léigh an *fógra* seo a leanas agus freagair na ceisteanna a ghabhann leis. (15 marc)

 **COLÁISTE PHÁDRAIG, MAIGH NUAD**
Comóradh 200 Bliain
Aoine 23–Luan 26 Iúil 1996

Dé hAoine	**Lá spraoi is spóirt**
10:00	Cluiche peile mac léinn
12:30	Tarraingt na téide
2:00	Cath na mbád ar an loch
4:30	Rás 1,500 méadar timpeall an choláiste
Dé Sathairn	**Lá acadúil**
10:00	Turas stairiúil
1:00	Béile
2:00	Léacht faoi dhaoine cáiliúla sa choláiste
Dé Domhnaigh	**Lá an turais**
10:30	Turas go Tobar Phádraig
18:00	Dráma bunaithe ar stair an choláiste
Dé Luain	**Ag fágáil slán**
12:00	Deoch an dorais le huachtarán an choláiste

Slán abhaile

(i) Ainmnigh *dhá* rud a bheidh ar siúl Dé Sathairn.

(ii) Luaigh *dhá* rud a bheidh ar siúl sa 'lá spraoi is spóirt'.

(iii) Cá mbeidh an turas ag dul? Cén t-am?

Ceisteanna breise (15 marc)

(iv) Cá mbeidh 'cath na mbád'?

(v) Cén t-am a thosóidh an dráma?

(vi) Cad a bheidh ar siúl Dé Luain? Cén t-am?

3.

Ceist 2

(*a*) Léigh an *fógra* seo a leanas agus freagair na ceisteanna a ghabhann
leis. (15 marc)

Comhar Creidmheasa Cholm Cille Tta
Indreabhán
Teileafón (091) 593421

CRANNCHUR NOLLAG

19 Nollaig 1995 ar 5:30 p.m.

AMPARÁN MÓR NA NOLLAG
Baill os cionn 16 bliain d'aois a shábháileann **£50** i scaranna idir
15 Meán Fómhair agus 19 Nollaig 1995

DEARBHÁN £30
(Zhivago *nó* Smyth's Toys Superstores)
Baill faoi 16 bliain d'aois a shábháileann **£10** i scaranna idir
15 Meán Fómhair agus 19 Nollaig 1995

DINNÉAR DO BHEIRT
(Bialann an Bholuisce, an Spidéal)
Baill nua os cionn 16 bliain a osclaíonn cuntas idir 15 Meán Fómhair agus
19 Nollaig 1995 agus a shábháileann **£50.**

UAIREADÓIR
Baill nua faoi 16 bliain a osclaíonn cuntas idir 15 Meán Fómhair agus
19 Nollaig 1995 agus a shábháileann **£10**

Ag freastal ar mhuintir Chonamara, ó na Forbacha go Casla

(i) Cad é an chéad duais sa chrannchur?

(ii) Cén lá a bheidh an crannchur ar siúl? Cén t-am?

(iii) Cá mbeidh an dinnéar don bheirt?

Ceisteanna breise (15 marc)

(iv) Cá bhfuil Comhar Creidmheasa Cholm Cille?

(v) Cá fhad a shíneann ceantar an chomhar creidmheasa?

(vi) Cén áit is féidir an dearbhán £10 a chaitheamh?

4.

Ceist 2

(*a*) Léigh an *fógra* seo a leanas agus freagair na ceisteanna a ghabhann leis. (15 marc)

Scoláireachtaí chuig Coláiste Ghobnait, Inis Oírr

Fáiltíonn **Comhar Chaomháin Tta** roimh iarratais ar scoláireacht chuig

COLÁISTE GHOBNAIT, INIS OÍRR.

*Ní mór d'iarratasóirí a bheith idir 12 agus 14 bliain d'aois
agus cumas maith labhartha agus suim sa Ghaeilge a bheith acu.
Scoláireacht bliana atá i gceist don bhliain scoile 1994/95.*

Gach uile eolas le fáil ó:

**An Bainisteoir
Comhar Chaoimháin Tta
Inis Oírr
Co. na Gaillimhe
Teileafón (099) 75008
Facs (099) 75071**

(i) Cá bhfuil Coláiste Ghobnait?

(ii) Ainmnigh *dhá* rud a chaithfidh iarratasóirí a bheith chun scoláireacht a fháil.

(iii) Cá fhad a leanfaidh an scoláireacht?

Ceisteanna breise (15 marc)

(iv) Cé atá ag cur na scoláireachtaí ar fáil?

(v) Cén bhliain scoile atá i gceist?

(vi) Cá bhfuil eolas le fáil faoi na scoláireachtaí?

5.

SCRÚDÚ AN TEASTAIS SHÓISEARAIGH, 1994

Ceist 2

(*a*) Léigh an *fógra* seo a leanas agus freagair na ceisteanna a ghabhann
leis. (15 marc)

Club Óige Chrónáin
Cluain Dolcáin
Baile Átha Cliath

CUAIRT AR CHONAMARA

Aoine 29 Iúil–Luan 1 Lúnasa 1994

Clár na n-imeachtaí

Aoine	*1:00 p.m.*	Bus ó theach an chlub go hIndreabhán
	5:00 p.m.	Fáiltiú oifigiúil i gColáiste Lurgan
	7:50 p.m.	Cuairt ar na teachíní ceardaíochta sa Spidéal
	10:00 p.m.	Ceolchoirm i gColáiste Chonnacht leis an rock-ghrúpa 'Éinniú'
Satharn	*10:00 a.m.*	Cluichí raicéad (leadóg agus scuais) i gColáiste Chonnacht
	12:30 p.m.	Tráth na gceist san ionad pobail, Ros an Mhíl
	3:30 p.m.	Cluichí trá (eitpheil agus rásaí snámha) ar an Trá Mhór
	10:00 p.m.	Céilí-dioscó na n-óg i gColáiste Lurgan
Domhnach	*11:00 a.m.*	Turas ar fud Ghaeltacht Chonamara
	6:00 p.m.	Comórtas peile agus camógaíochta ar Pháirc Mhichíl Bhreatnaigh
	10:00 p.m.	Ceolchoirm thraidisiúnta le 'Duirling' i Halla Éinde, an Cheathrú Rua
Luan	*10:00 a.m.*	Comórtais scoraíochtaí i gColáiste Lurgan
	3:00 p.m.	Filleadh abhaile tar éis lóin

(i) Ainmnigh *dhá* rud a bheadh ar siúl i gColáiste Lurgan.

(ii) Beidh baint ag spórt le roinnt de na himeachtaí seo. Ainmnigh *dhá cheann* díobh.

(iii) Cén oíche a bheidh an grúpa 'Éinniú' ag seinm ceoil? Cén sórt ceoil a sheinneann siad?

Ceisteanna breise (15 marc)

(iv) Cén lá a bheidh siad ag filleadh abhaile? Cén t-am?

(v) Cá mbeidh 'Duirling' ag seinm ceoil?

(vi) Cén club óige a bheidh ag dul go Conamara?

6.

Ceist 2

(*a*) Léigh an *fógra* seo a leanas agus freagair na ceisteanna a ghabhann leis. (15 marc)

Coláiste UISCE

Cuan Oilí

Béal an Mhuirthead

Contae Mhaigh Eo

(097) 82111 • (088) 572424

Cúrsaí
- *2–17 Meitheamh*
- *20 Meitheamh–5 Iúil*
- *8–23 Iúil*
- *26 Iúil–10 Lúnasa*
- *12–27 Lúnasa*

Costas £250 (éarlais £60)—gach rud san áireamh

Teorainn tríocha dalta ar chúrsa; múinteoir do gach ochtar

• Seoltóireacht toinne • seoltóireacht • curachóireacht • céilithe

Gach aitheantas ó Roinn na Gaeltachta agus ón Roinn Oideachais

---

(i) Cá bhfuil Coláiste UISCE?

(ii) Cé mhéad a chosnaíonn cúrsa?

(iii) Cé mhéad dalta do gach múinteoir?

Ceisteanna breise (15 marc)

(iv) Cé mhéad cúrsa atá ann ar fad?

(v) Cén earlais atá i gceist?

(vi) Ainmnigh *dhá* imeacht a bheidh ar siúl i gColáiste UISCE.

7.

Ceist 2

(*a*) Léigh an *fógra* seo a leanas agus freagair na ceisteanna a ghabhann
leis. (15 marc)

Comharchumann Chléire Tta
Cléire
Co. Chorcaí

Giolla—láithreán campála

á lorg ó 1 Meitheamh go 30 Meán
Fómhair 1994

Gaeilge líofa riachtanach. Íoctar an
giolla ar bhonn brabúis dheighilte,
agus cuirtear árasán ar fáil saor in
aisce. Tabharfar tús áite do dhaoine
atá thar 21 bliain d'aois.

Múinteoir curachóireachta

ag teastáil don choláiste samhraidh
Meitheamh, Iúil agus Lúnasa 1994
Cumas maith curachóireachta agus
ardchaighdeán Gaeilge riachtanach

Gach eolas le fáil ó:

Séamus Ó Drisceoil, Bainisteoir
Comharchumann Chléire Tta
Cléire
Co. Chorcaí
Teileafón (028) 39119 • Facs (028) 39150

(i) Cad tá ag teastáil don choláiste samhraidh?
(ii) Luaigh *dhá* rud a bheidh ag teastáil ag an té a cheapfar.
(iii) Cá bhfuil Comharchumann Chléire?

Ceisteanna breise (15 marc)

(iv) Cad tá ag teastáil don láithreán campála?
(v) Cad a chuirfear ar fáil don duine sin?
(vi) Cá bhfuil an t-eolas le fáil?

8.

Ceist 2

(*a*) Léigh an *fógra* seo a leanas agus freagair na ceisteanna a ghabhann leis.   (15 marc)

TORTHAÍ AN OIREACHTAIS, Baile Átha Cliath, 1995

Amhránaíocht ar an sean-nós (iomaitheoirí os cionn 14 bliana agus faoi 18 bliana ar Lá Samhna 1995)
An chéad duais: Tomás Ó Súilleabháin, Beanntraí, Co. Chorcaí. An dara duais: Astrid Ní Mhongáin, Dúthuama, Béal an Átha, Co. Mhaigh Eo.

Dreas cainte
An chéad duais (Corn Sheáin Uí Ghallchóir, bonn airgid agus £50): Noel Ó Gallchóir, Gort an Choirce, Co. Dhún na nGall. An dara duais: Bríd Anna Ní Bhaoill, Rinn na Feirste, Co. Dhún na nGall.

Corn Cuimhneacháin Chonaill Uí Fhearraigh (agus £50)
An chéad duais: Sorcha Ní Mhonacháin, Gaoth Dobhair, Co. Dhún na nGall. An dara duais: Antaine Ó Faracháin, Cill Mhaighneann, Baile Átha Cliath 8.

Seó ardáin (iomaitheoirí faoi bhun 20 bliain d'aois)
An chéad duais: Coláiste Chroí Mhuire, an Spidéal, Co. na Gaillimhe. An dara duais: Damhsa Cois Abhann, Meánscoil Loreto, Baile Brigín, Co. Bhaile Átha Cliath.

Agallamh beirte (iomaitheoiri os cionn 14 bliana agus faoi 18 bliana ar Lá Samhna 1995)
An chéad duais: Maria Ní Dhomhnaill agus Sinéad Ní Dhúgáin, Rinn na Feirste, Co. Dhún na nGall. An dara duais: Tomás Ó Sé agus Eadbhard Mac Gearailt, Scoil na mBráithre, an Daingean, Co. Chiarraí.

Scéalaíocht
An chéad duais: Eoghan Ó Curraighín, Teileann, Co. Dhún na nGall. An dara duais: Bríd Anna Ní Bhaoil, Rinn na Feirste, Co. Dhún na nGall. An tríú duais: Idir Joe Ó Dónaill, Doirí Beaga, agus Gráinne Ní Dhomhnaill, Rinn na Feirste.

(i)   Cé a fuair an chéad duais sa scéalaíocht?

(ii) Cén duais a fuair Maria Ní Dhomhnaill agus Sinéad Ní Dhúgáin?

(iii) Cá raibh an tOireachtais ar siúl?

Ceisteanna breise   (15 marc)

(iv) Cé a fuair an chéad duais sa dreas cainte?

(v) Cén duais a ghnóthaigh Coláiste Chroí Mhuire, an Spidéal?

(vi) Cén duais a fuair Tomás Ó Súilleabháin, Beanntraí?

9.

SCRÚDÚ AN TEASTAIS SHÓISEARAIGH, 1993

Ceist 2

(*a*) Léigh an *fógra* seo a leanas agus freagair na ceisteanna a ghabhann
leis. (15 marc)

Seachtain na Gaeilge
SCOIL LORCÁIN
Luan 14 Márta–Aoine 18 Márta 1994

CLÁR

Luan:	Caint ón bpríomhoide i halla na scoile (9–10 r.n.) Díospóireacht (4ú v. 5ú bliain) sa leabharlann (11 r.n.–12) Tóraíocht taisce i gclós na scoile (1–2 i.n.)
Máirt:	Cynthia Ní Mhurchú ó RTE ar cuairt sa scoil (9–10 r.n.) Dráma: *Tír na nÓg* (6ú bliain) san amharclann (11 r.n.–1 i.n.) Céilí mór i halla na scoile (3–5 i.n.)
Céadaoin:	Tráth na gceist boird sa leabharlann (10–11 r.n.) Díolachán earraí i halla na scoile (1–2 i.n.) Scannán: *Ros na Rún* sa leabharlann (3–4 i.n.)
Déardaoin:	Comórtas amhránaíochta san amharclann (9–10 r.n.) Ceolchoirm sa halla: grúpaí traidisiúnta (6ú bliain) (11 r.n.–1 i.n.)
Aoine:	Turas scoile go Ráth Cairn (1–8 i.n.) (Dúnfar an scoil ar 10 r.n. dá bharr seo.)

(i) Ainmnigh *dhá* rud a bheidh ar siúl i leabharlann na scoile.

(ii) Beidh baint ag an gceol le roinnt de na himeachtaí seo. Ainmnigh *dhá*
cheann díobh.

(iii) Cén lá a dhúnfar an scoil go luath? Cén fáth a ndúnfar í?

Ceisteanna breise (15 marc)

(iv) Cén duine cáiliúil a bheidh ag teacht ar cuairt chuig an scoil?
Cén t-am? Cén lá?

(v) Cá mbeidh an turas scoile ag dul?

(vi) Ainmnigh rud *amháin* a bheidh ar siúl san amharclann.

10.

Ceist 2

(*a*) Léigh an *fógra* seo a leanas agus freagair na ceisteanna a ghabhann
leis.   (15 marc)

Seachadadh litreacha
an lá dár gcionn

Seachadtar an lá oibre dár gcionn 93 faoin gcéad de na litreacha le seoltaí cearta
a chuirtear sa phost in Éirinn in am do phost na hoíche.

Léiritear an méid sin sa suirbhé neamhspleách MRBI is déanaí a d'eagraigh an Post i
measc sampla ionadaíochta 1,511 seoladh ar fud na tíre i gcaitheamh trí mhí. Is iad seo
a leanas na miontorthaí, le figiúirí comparáideacha don tréimhse roimhe:

	D. Fómhair go Nollaig 1993	Iúil go M. Fómhair 1993
Baile Átha Cliath go Baile Átha Cliath	94%	98%
Baile Átha Cliath go dtí na cúigí	90%	87%
Na cúigí go Baile Átha Cliath	95%	91%
Na cúigí go dtí na cúigí	93%	98%
Meán	93%	95%

Ciallaíonn 93% laghdú 2% ón ráithe roimhe, rud arbh é ba chúis leis breis poist i
mí na Nollag.
Tá sé mar aidhm ag an bPost an tseirbhís a fheabhsú i rith na míonna atá romhainn.

**D'fhéadfása cabhrú linn trí sheoladh soiléir a chur ar gach litir a
chuireann tú sa phost, trí uimhir an cheantair phoist a úsáid do Bhaile
Átha Cliath, agus trí litreacha a chur sa phost go luath sa lá.**

Cuirfidh an Post tuairisc ar fáil tar éis gach ráithe.

(i)   Cé a rinne an suirbhé?

(ii) Cé mhéad ama a chaith siad ar an suirbhé?

(iii) Luaigh *dhá* bhealach ina bhféadfá cabhrú leis an bPost.

Ceisteanna breise (15 marc)

(iv) Cad tá mar aidhm ag an bPost?

(v) Cé mhéad seoladh a bhí sa sampla ionadaíochta?

(vi) Cad ba chúis leis an laghdú ó 95 go 93 faoin gcéad, dar leis an bPost?

11.

Ceist 2

(*a*) Léigh an *fógra* seo a leanas agus freagair na ceisteanna a ghabhann leis. (15 marc)

Féile '93

Staid Semple, Durlas, Co. Thiobraid Árann
Aoine 3–Domhnach 5 Lúnasa
Deireadh Seachtaine Ceoil

Dé hAoine
(Geataí ag oscailt 6:00 p.m. Seó ag tosú 7:00 p.m.)
Meat Loaf • Big Country • No Sweat • Saw Doctors • The Amazing Colossal Men

Dé Sathairn
(Geataí ag oscailt meán lae. Seó ag tosú 1:00 p.m.)
Hothouse Flowers • The Four of Us • Something Happens • Moving Hearts • The Stunning

Dé Domhnaigh
(Geataí ag oscailt meán lae. Seó ag tosú 1:00 p.m.)
Van Morrison • Deacon Blue • Christy Moore • Mary Black • An Emotional Fish

Ticéid: HMV agus siopaí ceirníní i ngach áit.
Ticéad don deireadh seachtaine iomlán: £30.
Ticéid lae: Dé hAoine £10.50; Dé Sathairn £14.50; Dé Domhnaigh £14.50
Áiseanna campála le fáil (do dhaoine a bhfuil ticéad acu).

(i) Cén áit ar féidir ticéad a fháil don fhéile?

(ii) Ainmnigh *dhá* ghrúpa a bheidh ag seinm ceoil Dé Sathairn.

(iii) Cé mhéad a chosnaíonn ticéad don deireadh seachtaine?

Ceisteanna breise (15 marc)

(iv) Cá mbeidh Féile '93 ar siúl?

(v) Cén t-am a bheidh an seó ag tosú Dé Domhnaigh?

(vi) Cé aige a mbeidh cead campáil san áit sin?

12.

Ceist 2

(*a*) Léigh an *fógra* seo a leanas agus freagair na ceisteanna a ghabhann
leis. (15 marc)

LÁRIONAD TAISTIL NUA

35 SRÁID NA MAINISTREACH ÍOCH., BAILE ÁTHA CLIATH 1
**Anois is féidir leat suíocháin a chur in áirithe do gach saghas taistil
traenach agus do chamchuairteanna cóiste idirnáisiúnta de chuid CIE
ag ár lárionad nua ag 35 Sráid na Mainistreach Íochtarach.**

Iarnród Éireann Teileafón (01) 8363333

- Ticéid 'Inter-City': folíne 4104.

- Ticéid don Bhreatain agus don Mhór-roinn: folíne 4044.

- Ticéid do shaoire 'Railbreak': folíne 4083.

Camchuairteanna idirnáisiúnta CIE

- Camchuairteanna tionlactha cóiste agus saoire lárionaid in Éirinn, sa Bhreatain, agus ar an Mór-roinn.

- Ticéid aer a chur in áirithe.

- Camchuairteanna grúpa in Éirinn, sa Bhreatain, agus ar an Mór-roinn.

- Saoire gréine.

(i) Cá bhfuil an lárionad taistil nua?
(ii) Cad is féidir leat a dhéanamh ansin?
(iii) Cén uimhir theileafóin atá ag Iarnród Éireann?

Ceisteanna breise (15 marc)
(iv) Cén uimhir theileafóin atá ag CIE do chamchuairteanna idirnáisiúnta?
(v) Cén fholíne a bheadh uait chun ticéid 'Inter-City' a fháil?
(vi) Cén t-eolas a bheadh le fáil ag folíne 4083?

13.

SCRÚDÚ AN TEASTAIS SHÓISEARAIGH, 1992

Ceist 2

(*a*) Léigh an *fógra* seo a leanas agus freagair na ceisteanna a ghabhann
leis.   (15 marc)

Féile an tSamhraidh

Gleann na bPoc

Aoine 26 Meitheamh–Céadaoin 1 Iúil 1992

Clár

Aoine 26 Meitheamh:	*Oscailt oifigiúil i gCearnóg an Mhargaidh (8–9 p.m.)*
	Paráid bhréagéadaigh agus ceolchoirm faoin aer (9–11 p.m.)
	Damhsa mór i Halla an Bhaile (11 p.m.–2 a.m.)
Satharn 27 Meitheamh:	*Dioscó-chéilí i dTeach Ósta na Coille (8 p.m.–12)*
Domhnach 28 Meitheamh:	*Cluichí peile agus iomána i bPáirc Uí Shé (3 p.m.)*
	Cluichí sacair i bPáirc an Locha (3 p.m.)
	Damhsa i dTeach Ósta na Coille (10 p.m.–1 a.m.)
Luan 29 Meitheamh:	*Comórtais damhsa agus ceoil i gCearnóg an Mhargaidh (7–10 p.m.)*
	Taispeántas faisin i dTeach Ósta na Coille (8–11 p.m.)
Máirt 30 Meitheamh:	*Rásaí bád ar an loch (7–10 p.m.)*
	Comórtais snámha sa linn snámha (6–11 p.m.)
Céadaoin 1 Iúil:	*Dúnadh na féile agus bronnadh duaiseanna (8–10 p.m.)*

(i)   Ainmnigh *dhá* rud a bheidh ar siúl i dTeach Ósta na Coille.
(ii) Beidh roinnt de na himeachtaí ar siúl amuigh faoin aer san oíche.
        Ainmnigh *dhá cheann* díobh.
(iii) Is maith leat comórtais spóirt uisce. Cén lá a bheidh siad ar siúl? Cén áit?

Ceisteanna breise   (15 marc)

(iv) Cá mbeidh na rásaí bád ar siúl? Cén t-am?
(v)   Beidh dúnadh na féile ann Dé Céadaoin. Cad eile a bheidh ar siúl an lá sin?
(vi) Cá mbeidh Féile an tSamhraidh ar siúl?

14.

Ceist 2

(*a*) Léigh an *fógra* seo a leanas agus freagair na ceisteanna a ghabhann
leis. (15 marc)

Gazza

AINM AGUS SLOINNE:
Paul Gascoigne.

LEASAINM:
Gazza. Fuair sé é ó thraenálaí a thugadh
'Gazcoigne' air.

DÁTA BREITHE:
27 Bealtaine 1967.

ÁIT BHREITHE:
Gateshead, i dtuaisceart Shasana.

TUISMITHEOIRÍ:
John is ainm dá athair agus Carol is ainm
dá mháthair.

DEARTHÁIREACHA:
Tá deartháir amháin aige.

DEIRFIÚRACHA:
Tá beirt deirfiúracha ag Gazza.

ÁIT CHÓNAITHE:
I Sasana tá cónaí air in áras mór i
Hertfordshire.

DATH:
Is é gorm an dath is fearr leis.

CARR:
Tiomáineann Gazza Mercedes dubh (go
han-sciobtha!).

BIA:
Is breá leis lasagne agus gliomach.

CEOL:
Is é Elvis Presley an ceoltóir is fearr leis!

SIAMSAÍOCHT:
Is breá le Paul na scannáin. Thaitin *The
Naked Gun* go mór leis. Is maith leis
Benny Hill agus Russ Abbot.

CAITHEAMH AIMSIRE:
Is breá leis dul ag iascaireacht in aice a
thí. (Tá abhainn ann, ar ndoigh!) Imríonn
sé leadóg nuair a fhaigheann sé an seans
chuige. Seinneann sé an t-orgán, agus is
breá leis canadh in éindí le meaisíní
karaoke! (Nach é an trua é nár fhan sé
taobh le ceann!)

(i) Cár rugadh Paul Gascoigne?

(ii) Tá an leasainm 'Gazza' aige. Cé a thug an leasainm dó?

(iii) Ainmnigh *dhá* chineál caitheamh aimsire atá aige.

Ceisteanna breise (15 marc)

(iv) Cén sórt bia is fearr leis?

(v) Cé mhéad deirfiúr atá aige?

(vi) Cá bhfuil sé ina chónaí anois?

15.

Ceist 2

(a) Léigh an *fógra* seo a leanas agus freagair na ceisteanna a ghabhann
leis.   (15 marc)

AN COMÓRTAS MÓR

Mahogany Gaspipe i gcomhar le CRAIC NA hAOINE AR RAIDIÓ NA GAELTACHTA.

CAD IAD NA DUAISEANNA?
Ceirníní Therapy • Leabhair
World Cup • T-Léinte World
Cup • Agus go leor duaiseanna
eile.

An uimhir ghutháin
chraiceáilte
(01) 28-39-709

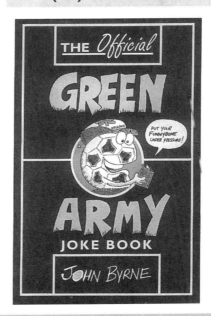

Ar an **Aoine**, an **10ú** lá de mhí
Meitheamh beidh comórtas
speisialta do léitheoirí MG ar an
chlár Craic na hAoine ar Raidió
na Gaeltachta.

CAD ATÁ LE DÉANAMH?
Éist le Raidió na Gaeltachta idir
4.30-6.00 p.m, ar an Aoine an
10ú le haghaidh tuilleadh
treoracha.

Éist ar 92.6-94.4; 102-7 FM
AR FUD NA TÍRE

(i)   Ainmnigh *dhá cheann* de na duaiseanna.
(ii) Cad tá le déanamh chun duais a fháil?
(iii) Cén t-ainm atá ar leabhar John Byrne?

Ceisteanna breise (15 marc)

(iv) Cén lá a bheidh an comórtas ar siúl?

(v) Cé leis atá *Mahogany Gaspipe* ag eagrú an chomórtais?

(vi) Cén uimhir theileafóin atá ag an gcomórtas?

16.

SCRÚDÚ AN TEASTAIS SHÓISEARAIGH, 1992

Ceist 2

(*a*) Léigh an *fógra* seo a leanas agus freagair na ceisteanna a ghabhann leis. (15 marc)

Scoil Chiaráin
Turas scoile go Baile Átha Cliath

26 Aibreán 1997

Ba cheart do na daltaí ar mhaith leo dul ar an turas seo a n-ainmneacha a thabhairt don rúnaí roimh 15 Aibreán.

CLÁR AN LAE

8:30	Fágfaidh an bus Sráid an Mhargaidh
11:30	Cuairt ar Theach Laighean
12:45	Lón i mbialann Uí Ghallchóir, Sráid Uí Chonaill
14:00	Cuairt ar an Ardmhúsaem
15:30	Cuairt ar an zú.
17:00	Fágfaidh an bus Baile Átha Cliath
	NB: Bí ag geata an zú ar 16:50.

Táille: £5.
Ní mór éide na scoile a chaitheamh.

(i) Cé a thógfaidh ainmneacha na ndaoine a rachaidh ar an turas?

(ii) Cá háit i mBaile Átha Cliath ina n-íosfaidh siad béile?

(iii) Cén chaoi a bheidh na daltaí gléasta?

Ceisteanna breise (15 marc)

(iv) Cén t-am a fhágfaidh an bus Sráid an Mhargaidh?

(v) Ainmnigh *dhá* chuairt a dhéanfaidh na daltaí.

(vi) Cé mhéad a chosnóidh an turas?

17.

Ceist 2

(*a*)   Léigh an *fógra* seo a leanas agus freagair na ceisteanna a ghabhann
leis.   (15 marc)

STAIR CHORN SACAIR AN DOMHAIN

Buaiteoirí Chorn an Domhain

Bliain	Suíomh	Buaiteoirí	Freasúra	Scór
1930	Uruguay	Uruguay	An Airgintín	4-2
1934	An Iodáil	An Iodáil	An tSeicslóvaic	2-1
1938	An Fhrainc	An Iodáil	An Ungáir	4-2
1950	An Bhrasaíl	Uruguay	An Bhrasaíl	2-1
1954	An Eilbhéis	An Ghearmáin	An Ungáir	3-2
1958	An tSualainn	An Bhrasaíl	An tSualainn	5-2
1962	Chile	An Bhrasaíl	An tSeicslóvaic	3-1
1966	Sasana	Sasana	An Ghearmáin	4-2
1970	Mexico	An Bhrasaíl	An Iodáil	4-1
1974	An Ghearmáin	An Ghearmáin	An Ísiltír	2-1
1978	An Airgintín	An Airgintín	An Ísiltír	3-1
1982	An Spáinn	An Iodáil	An Ghearmáin	3-2
1986	Mexico	An Airgintín	An Ghearmáin	3-2
1990	An Iodáil	An Ghearmáin	An Airgintín	1-0

An Bhrasaíl, 1994
Daonra: 148 milliún.
Príomhchathair: Brasília.
Bainisteoir na foirne: Carlos Alberto Perreira.
Páirteach cheana: Páirteach i ngach comórtas go dtí seo agus é buaite acu trí huaire: 1958, 1962, agus 1970.

An Bheilg, 1994
Daonra: 10 milliún.
Príomhchathair: An Bhruiséil.
Bainisteoir na foirne: Paul van Himst.
Páirteach cheana: Ocht n-uaire, agus bhain siad amach an cheathrú háit sa bhliain 1986.

An Ghearmáin, 1994
Daonra: 80 milliún.
Príomhchathair: Berlin.
Bainisteoir na foirne: Berti Vogts.

Páirteach cheana: Dhá uair déag, agus é buaite acu trí huaire.

An Airgintín, 1994
Daonra: 33 milliún.
Príomhchathair: Buenos Aires.
Bainisteoir na foirne: Alfio Basile.
Páirteach cheana: Deich n-uaire, agus an corn buaite acu faoi dhó.

An Bhulgáir, 1994
Daonra: 9 milliún.
Príomhchathair: Sofia.
Bainisteoir na foirne: Dimitar Penev.
Páirteach cheana: Cúig huaire.

Camarún, 1994
Daonra: 12 milliún.
Príomhchathair: Yaoundé.
Bainisteoir na foirne: Henri Michel.
Páirteach cheana: Dhá uair: 1982 agus 1990.

(i)   Cén tír a bhuaigh Corn an Domhain sa bhliain 1990?
(ii) Cén bhliain ar shroich Sasana an cluiche ceannais?
(iii) Cén bainisteoir foirne a bhí ag an nGearmáin sa bhliain 1994?

Ceisteanna breise   (15 marc)
(iv) Cén daonra a bhí ag an mBrasaíl sa bhliain 1994?
(v)   Cén tír a chaill an cluiche ceannais sa bhliain 1970?
(vi) Ainmnigh príomhchathair na Beilge.

18.

Ceist 2

(*b*) Léigh an *fógra* seo a leanas agus freagair na ceisteanna a ghabhann leis.

(15 marc)

T-léinte agus geansaithe spraoi
le fáil anois tríd an bpost

Praghsanna (postas san áireamh)			Méideanna		
Páistí:	T-léine	£4.50	**Páistí:**	Beag	(go dtí aois 6)
	Geansaí spraoi	£9		Mór	(go dtí aois 9)
Daoine fásta:	T-léine	£6	**Daoine fásta:**	S (beag):	32–34 orl.
	Geansaí spraoi	£13		M (meán):	34–36 orl.
				L (mór):	38–40 orl.
				XL (ollmhór):	42–44 orl.

Dathanna:

Páistí: liath nó dubh.

Daoine fásta: liath, dubh, nó dubhuaine.

(Luaigh an chéad agus an dara rogha agat.)

Is féidir íoc le seic, le hordú poist, nó le cárta Visa nó Access.

Orduithe chuig:

An Spailpín Fánach, an Spidéal, Co. na Gaillimhe
Teileafón (091) 83343
Facs (091) 83480

(i) Cén seoladh atá ag an Spailpín Fánach?

(ii) Cad tá le fáil tríd an bpost?

(iii) Cé mhéad a chosnaíonn T-léine do pháistí?

Ceisteanna breise   (15 marc)

(iv) Cén chaoi ar féidir le duine íoc as orduithe?

(v) Cé na dathanna atá le fáil do pháistí?

(vi) Cén uimhir theileafóin atá ag an Spailpín Fánach?

19.

SCRÚDÚ AN TEASTAIS SHÓISEARAIGH, 1995

Ceist 2

(*b*) Léigh an *fógra* seo a leanas agus freagair na ceisteanna a ghabhann leis. (15 marc)

LÁRIONAD CAMPÁLA NA COILLE
Baile an Doire
Co. Thiobraid Árann
Teileafón (052) 654321

Radharc tíre álainn • Rátaí réasúnta •
Áiseanna ar ardchaighdeán

- 30 láithreán do charbháin, 35 láithreán do phubaill
- Seomra spraoi do leanaí
- Ollmhargadh
- Seomra cluichí (snúcar, sacar boird, leadóg bhoird)
- Linn snámha
- Bialann bhreá
- Seomra níocháin (meaisíní níocháin agus triomadóirí éadaigh)
- Seomra iarnála (iarainn leictreacha agus cófraí aerála)
- Leithris agus cithfholcthaí

Rátaí:
Pubaill: £2 an oíche. Carbháin: £6.50 an oíche (leictreachas £1.50 sa bhreis).
Oscailte: 15 Márta–30 Meán Fómhair.

(i)   Cén fáth a dtugtar Lárionad Campála na Coille ar an lárionad seo?
(ii) Cén áit a ndéanfá do chuid siopadóireachta sa lárionad campála?
(iii) Luaigh *dhá* áis nua-aimseartha a bhaineann le héadaí sa lárionad campála.

Ceisteanna breise (15 marc)
(iv) Cé mhéad láithreán do charbháin atá sa lárionad campála?
(v)   Cén caitheamh aimsire atá ann do leanaí?
(vi) Cá bhfuil an lárionad campála?

20.

Ceist 2

(*b*)   Léigh an *fógra* seo a leanas agus freagair na ceisteanna a ghabhann
        leis.   (15 marc)

**Féile na gCnoc
Ros Mhic Thriúin, Co. Loch Garman
Luan 23–Aoine 27 Feabhra 1994**

CLÁR

Luan 23ú	Oscailt oifigiúil in Óstán na Carraige, 12:30 Rás 10 km, Bealach an Ghleanna, 2:00 Siúlóid sléibhe, 2:30. Fáilte roimh chách.
Máirt 24ú	Léacht ar thíreolaíocht an cheantair, Halla an Bhaile, 10:00 Cuairt ar an seanchaisleán, 3:30
Céadaoin 25ú	Comórtas tarraingt na téide, Páirc Naomh Eoin, 10:30 Taispeántas sábháil sléibhe, Páirc Naomh Eoin, 12:00 Cluiche sacair, Muintir an Bhaile v. Cuairteoirí, 2:45
Déardaoin 26ú	Cuairt an Uachtaráin, Óstán na Carraige, 1:30 Bronnadh na mbonn crógachta ar Fhoireann Sléibhe an Bhaile, 2:00 Damhsa na Féile, Óstán na Carraige, 9:00
Aoine 27ú	Tóraíocht taisce na gcnoc, ag tosú ag an Tóchar, 11:00 Dúnadh na féile, Óstán na Carraige, 3:00

(i)   Cá mbeidh an oscailt oifigiúil ar siúl? Cén t-am?

(ii)   Ainmnigh *dhá* rud a bheidh ar siúl Dé Céadaoin.

(iii) Cá mbeidh Damhsa na Féile ar siúl? Cén t-am?

Ceisteanna breise   (15 marc)

(iv)   Ainmnigh *dhá* rud a bheidh ar siúl Dé Máirt.

(v)   Cad a tharlóidh ar a trí a chlog Dé hAoine?

(vi)   Cén duine cáiliúil a bheidh ag teacht ar cuairt chuig an bhféile?
       Cén lá? Cén t-am?

21.

Ceist 2

(*b*)   Léigh an *fógra* seo a leanas agus freagair na ceisteanna a ghabhann leis. (15 marc)

Féile Chill Mhaighneann

Cill Mhaighneann, Baile Átha Cliath

Luan 17–Aoine 21 Iúil 1993

CLÁR

Luan   Oscailt oifigiúil i halla an phríosúin, 11:30 ar maidin
               Rás i bPáirc an Fhionnuisce, 2:00
               Damhsa na n-óg, an halla spóirt, 10:30–12 00

Máirt   Rás na mbád ar an Life, 4:30

Céadaoin   Cluiche peile agus cluiche iomána i bPáirc an Fhionnuisce, 5:30
               Cluiche sacair sa Pháirc Chuimhneacháin, 7:30
               Damhsa do dhaoine fásta, 10:30–2:00

Déardaoin Mórshiúl na mbannaí ceoil, 4:30
               Comórtas rince, an halla spóirt, 8:00

Aoine   Rás na mban timpeall an pharóiste, 7:00
               Dúnadh na féile in Ospidéal Ríoga Chill Mhaighneann agus bronnadh na nduaiseanna, 10:00.

(i)   Cathain a bheidh an oscailt oifigiúil ann?

(ii)   Cá mbeidh rás na mbád ar siúl? Cén lá? Cén t-am?

(iii) Ainmnigh *dhá* rud a bheidh ar siúl Dé Céadaoin.

Ceisteanna breise (15 marc)

(iv)   Cad a bheidh ar siúl ar a deich a chlog Dé hAoine?

(v)   Luaigh *dhá* rud a bheidh ar siúl i bPáirc an Fhionnuisce.

(vi)   Ainmnigh rud *amháin* a bheidh ar siúl Déardaoin.

22.

Ceist 2

(*b*) Léigh an *fógra* seo a leanas agus freagair na ceisteanna a ghabhann
       leis.   (15 marc)

Éist, a léitheoir dhílis!

Má mholann tú do chara éigin *Lá* a ordú agus má dhéanann sé nó sí sin, cuirfimid
ráithe in aisce le saol do shíntiúis.

Gearr amach an fhoirm ordaithe anois agus tabhair a fhad le cara í.

Go raibh maith agat!

LÁ

Nuachtán na nGael

Ba mhaith liom *Lá* a fháil gach
seachtain tríd an phost. Cuirim leis seo
seic £45 (síntiús bliana)/
£25 (leathbhliain)/£14 (ráithe).

Ainm & sloinne: _____

_____

Seoladh: _____

_____

_____

Ainm agus seoladh an duine a mhol duit
Lá a ordú:

_____

_____

_____

_____

_____

Seol chuig: Roinn na Síntiús, "Lá",
216 Bóthar na bhFál, Béal Feirste 12.

Ná caill do chóipse—ordaigh anois é,
agus tiocfaidh do LÁ.

(i)   Cé mhéad a chosnaíonn síntiús bliana do *Lá*?

(ii)   Má mholann tú do chara éigin *Lá* a ordú agus má dhéanann sé nó sí
       amhlaidh, cad a bhfaighidh tú saor in aisce?

(iii) Cá bhfuil *Lá* le fáil?

Ceisteanna breise   (15 marc)

(iv)   Cé mhéad a chosnaíonn síntiús leathbhliana?

(v)   Cad a bhfaighfeá ar shíntiús £14?

(vi)   Cén chathair ina bhfuil Bóthar na bhFál?

23.

SCRÚDÚ AN TEASTAIS SHÓISEARAIGH, 1994

Ceist 2

(*b*) Léigh an *fógra* seo a leanas agus freagair na ceisteanna a ghabhann
leis.   (15 marc)

RADHARC NA SLÉIBHTE
**Bialann ag bun Sléibhte Chill
Mhantáin**
Oscailte seacht lá na seachtaine

**Seo roinnt samplaí dár mbiachlár
iontach:**

Bricfeasta traidisiúnta	**Lón A (£4.95)**
Sú oráiste	*Anraith muisirún*
Leite nó calóga arbhair	*Curaí glasraí*
Ispíní, bagún, ubh fhriochta	*Píóg úll agus uachtar*
Tósta agus marmaláid	*Tae nó caife*
Tae nó caife	
Bricfeasta sláintiúil	**Lón B (£5.95)**
Sú oráiste	*Sailéad bhia na mara*
Leite nó muesli	*Stéig mhairteola agus sceallóga*
Ubh bhruite nó iasc	*Císte seacláide*
Arán donn agus mil	*Tae nó caife*
Tae nó caife	

Dinnéar (£13.50)
Biachlár speisialta don dinnéar gach oíche,   7–11 p.m.
Teileafón (01) 9114533

(i)   Cén fáth a dtugtar Radharc na Sléibhte ar an mbialann seo?

(ii) Ainmnigh *trí* rud atá sa 'bhricfeasta traidisiúnta' nach bhfuil sa
'bhricfeasta sláintiúil'.

(iii) Ní maith leat feoil. Cén lón a íosfaidh tú? Cén fheoil atá sa lón eile nach
maith leat a ithe?

Ceisteanna breise   (15 marc)

(iv) Cé mhéad a chosnaíonn lón A?

(v)   Ainmngh *dhá* rud atá i lón B.

(vi) Cén t-am gach oíche a bhíonn an dinnéar?

24.

Ceist 2

(*b*) Léigh an *fógra* seo a leanas agus freagair na ceisteanna a ghabhann
leis. (15 marc)

Coláiste Ashfield

Teach Mealóg
Baile Átha Cliath
Teleafón (01) 4900866

Cúrsaí samhraidh i dteangacha
Gaeilge • Fraincis • Gearmáinis
Mí an Mheithimh agus mí Iúil

CLÁR AN LAE
Luan go hAoine

8:50	Clárú agus socrú na ranganna.
9:00–11:00	Ranganna: caint, comhrá, gramadach, agus aistí.
11:00–11:15	Sos.
11:15–12:00	Drámaíocht agus comórtaisí cainte.
12:00–1:30	Tráth na gceist, amhránaíocht, cluichí.
1:30–	Tráthnóna saor.

Táillí:
Coicís £125
Trí seachtaine £180

(i) Cá bhfuil an coláiste seo?
(ii) Cad iad na hábhair is féidir a dhéanamh ar an gcúrsa?
(iii) Ainmnigh *dhá* rud a bheidh ar siúl ar a naoi a chlog.

Ceisteanna breise (15 marc)

(iv) Cé mhéad a chosnaíonn na cúrsaí?
(v) Cén uimhir theileafóin atá ag Coláiste Ashfield?
(vi) Ainmnigh *dhá* imeacht a bheidh ar siúl san iarnóin.

25.

Ceist 2

(*b*) Léigh an *fógra* seo a leanas agus freagair na ceisteanna a ghabhann
leis. (15 marc)

Raidió na Life, 102.2 FM

Sceideal an earraigh

Dé Luain

5:00	An Meangadh Mór
6:00	An nuacht; An Meangadh Mór ar leanúint
6:30	Buail Amach
7:00	Nuacht agus aimsir
7:04	An Gob Fliuch: ceol traidisiúnta
8:00	Nuacht agus aimsir
8:04	Fios Feasa: irischlár
9:00	Ceolta na Cruinne: cairteacha Tower

Dé Máirt

5:00	An Meangadh Mór
6:00	An nuacht; An Meangadh Mór ar leanúint
6:30	An Béal Beo
7:00	Nuacht agus aimsir
7:04	An Rang Saor: mír do pháistí
7:30	Timpeall Orainn, le Coillte
8:00	Nuacht agus aimsir
8:04	Fios Feasa: irischlár
9:00	Ceolta na Cruinne: ceol ailtéarnach

Dé Céadaoin

5:00	An Meangadh Mór
6:00	An nuacht; An Meangadh Mór ar leanúint
6:30	Tráthnóna: nuacht an lae
7:00	Nuacht agus aimsir
7:04	Gnó 102
7:30	Idir Eatarthu, leis an bPost

8:00	Nuacht agus aimsir
8:04	Fios Feasa: irischlár
9:00	Ceolta na Cruinne: 'Bosca 666'

Déardaoin

5:00	An Meangadh Mór
6:00	An nuacht; An Meangadh Mór ar leanúint
6:30	Tráthnóna: nuacht an lae
7:00	Nuacht agus aimsir
7:04	Buail Amach
7:30	Clár na Leabhar, le hÁIS
8:00	Nuacht agus aimsir
8:04	Fios Feasa
9:00	Ceolta na Cruinne: ceol tíre

Dé hAoine

5:00	An Meangadh Mór
6:00	An nuacht; An Meangadh Mór ar leanúint
6:30	Spórt 102, le Bus Éireann
7:00	Nuacht agus aimsir
7:04	Spórt 102, le Bus Éireann
7:30	Mná ag an gCrosbhóthar
8:00	Nuacht agus aimsir
8:04	Clár an Údaráis: ceol beo
9:00	Snagcheol, le Guinness
10:30	Indi na hAoine

Dé Sathairn

12:00	Allagar na Cathrach
1:00	Scoth na Seachtaine
2:00	Clár na Leabhar (ath-chraoladh)

4:00	Maestro: saothar mór-cheoltóirí
5:00	Ábhair Chainte
5:30	An Port Ard: ceol traidisiúnta
6:00	Timpeall Orainn
6:30	Saoire Saoire, le Bord Fáilte
7:00	Nuacht agus aimsir
7:04	Clár na Rudaí Beaga
8:00	Nuacht agus aimsir
8:04	Rogha Ceoil
9:00	Ceolta na Cruinne: PCP ina Shuí
10:30	Clár Chaoimhe agus Mharia

Dé Domhnaigh

12:00	Siamsa Ceoil: ceol clasaiceach
4:00	Nuachasadh ar an Dúchas
5:00	Éigse na hEalaíne
5:30	An Port Ard: ceol traidisiúnta
6:00	Mná ag an gCrosbhóthar
6:30	Cúirt na bhFilí
7:00	Nuacht agus aimsir
7:04	An Rang Saor: mír do pháistí
7:30	Creideamh agus Caint
8:00	Nuacht agus aimsir
8:04	An Poc ar Buile: ceol traidisiúnta
9:00	Ceolta na Cruinne: domhancheol
10:30	Suansiúl

Tá fáil ar Raidió na Life 102.2FM ar fud cheantar Bhaile Átha Cliath agus thuaisceart Laighean.

(i) Ainmnigh *dhá* chlár a bhíonn ar siúl Dé Luain.

(ii) Cén t-am Dé Máirt a bhíonn 'An Béal Beo' ar siúl?

(iii) Cén áit a bhfuil fáil ar Raidió na Life?

Ceisteanna breise (15 marc)

(iv) Cén chlár a bhíonn ar siúl ar 7:30 Dé Céadaoin?

(v) Cén t-am Dé Domhnaigh a bhíonn 'Creideamh agus Caint' ar siúl?

(vi) Cén chlár a bhíonn ag Bord Fáilte Dé Sathairn?

26.

SCRÚDÚ AN TEASTAIS SHÓISEARAIGH, 1993

Ceist 2

(*b*)　Léigh an *fógra* seo a leanas agus freagair na ceisteanna a ghabhann leis. (15 marc)

Óstán na Mara

An Rinn
Co. Phort Láirge

- Folcadán le gach seomra.
- Teilifíseán, raidió agus teileafón i ngach seomra.
- Bia mara agus feirme. Tá cáil ar ár bhfeoil ar fud an domhain. Bíonn glasraí againn ónár bhfeirm féin.
- Linn snámha faoi dhíon, teach allais, agus leaba gréine.

- Cúirteanna scuaise agus seomra cluichí laistigh.
- Cúirt leadóige lasmuigh. Machaire gailf againn taobh thiar den óstán.
- Trá ghlan shábháilte ar aghaidh an óstáin.
- Cé álainn againn do bhádóirí.

Teileafón (0507) 32451

(i)　Cén fáth ar tugadh Óstán na Mara ar an óstán seo?

(ii)　Is féidir *dhá* chluiche a imirt taobh amuigh den óstán. Cad iad an dá chluiche sin?

(iii) Is maith leat snámh. Cén *dá* áit atá luaite ar an bhfógra ar féidir snámh iontu?

Ceisteanna breise (15 marc)

(iv) Cén sórt glasraí a bhíonn acu?

(v)　Cá bhfuil an t-óstán seo?

(vi) Cad tá i ngach seomra?

27.

Ceist 2

(*b*) Léigh an *fógra* seo a leanas agus freagair na ceisteanna a ghabhann leis. (15 marc)

Coláiste an Phiarsaigh Bun an Leaca, Co. Dhún na nGall

- *Tá Coláiste an Phiarsaigh suite i nGaeltacht Thír Chonaill.*
- *Tá sé in aice leis an chósta.*
- *Tá sé i gceantar fíorálainn chun saoire a chaitheamh ann.*
- *Bíonn ranganna ar siúl ar maidin.*
- *Bíonn cluichí ar siúl san iarnóin agus istoíche.*
- *Tugtar cuairt go minic ar na tithe lóistín le cinntiú go bhfuil gach rud mar is cóir.*

DÁTAÍ

Cúrsa 1	2–23 Meitheamh 1996	
Cúrsa 2	23 Meitheamh–14 Iúil 1996	
Cúrsa 3	14 Iúil–4 Lúnasa 1996	*Stiúrthóir:*
Cúrsa Speisialta	3–8 Aibreán 1996	*Seán Mac Suibhne*

Táille: £215

Concos
Ball de Chomhchoiste Náisiúnta
na gColáistí Samhraidh

(074) 55026

(i) Cén contae ina bhfuil Coláiste an Phiarsaigh?

(ii) Ainmnigh stiúrthóir an choláiste.

(iii) Cén fáth a dtugtar cuairt go minic ar na tithe lóistín?

Ceisteanna breise (15 marc)

(iv) Cén t-am den lá a bhíonn ranganna ar siúl?

(v) Cén táille atá ar an gcúrsa?

(vi) Cad a bhíonn ar siúl san iarnóin?

28.

Ceist 2

(*b*) Léigh an *fógra* seo a leanas agus freagair na ceisteanna a ghabhann
leis. (15 marc)

CÚINNE NA MARGAÍ

Leabhair: Más suim leat caiséid, leabhair, cártaí poist nó cártaí
Aifrinn i nGaeilge, cuir fios ar chatalóg Chló Iar-Chonnachta.
Saor sa phost ó Chló Iar-Chonnachta, Indreabhán, Co. na
Gaillimhe; (091) 93307; facs (091) 93159.

***Bileoga Aifrinn an Domhnaigh agus Ord an Aifrinn d'aon ócáid le
fáil ó:*** Comhdháil Náisiúnta na Gaeilge, 46 Sráid Chill Dara,
Baile Átha Cliath 2; teileafón (01) 6794780; facs (01) 6790214.

Dialann Imeachtaí Gaeilge le fáil ó: Comhdháil Náisiúnta na
Gaeilge, 46 Sráid Chill Dara, Baile Átha Cliath 2; teileafón
(01) 6794780; facs (01) 6790214.

***Leabhair chreidimh de chuid Eaglais na hÉireann—Leabhar
Iomann, Leabhar Urnaí, an Tiomna Nua, Ord na Comaoineach
Naofa—le fáil ó:*** Daithí Ó Maolchoille, 75 Páirc Weston, Baile
Átha Cliath 14.

Leabharliosta 17: le fáil anois ó Leabhair Ghaeilge, Bosca Poist
2559, Baile Átha Cliath 1.

*Más mian le heagraíocht, coiste nó léitheoir fógra a fhoilsiú saor in
aisce i gCúinne na Margaí ní gá ach é a sheoladh chuig:*

Saol, 7 Cearnóg Mhuirfean, Baile Átha Cliath 2.

(i) Cén seoladh atá ag *Saol*?

(ii) Ainmnigh *dhá* leabhar creidimh atá le fáil ó Dháithí Ó Maolchoille.

(iii) Cá bhfuil Cló Iar-Chonnachta?

Ceisteanna breise (15 marc)

(iv) Cad tá le fáil ó Chomhdháil Náisiúnta na Gaeilge?

(v) Cén uimhir theileafóin atá ag Cló Iar-Chonnachta?

(vi) Cad is féidir a fháil saor in aisce i gCúinne na Margaí?

29.

SCRÚDÚ AN TEASTAIS SHÓISEARAIGH, 1992

Ceist 2

(*b*) Léigh an *fógra* seo a leanas agus freagair na ceisteanna a ghabhann leis. (15 marc)

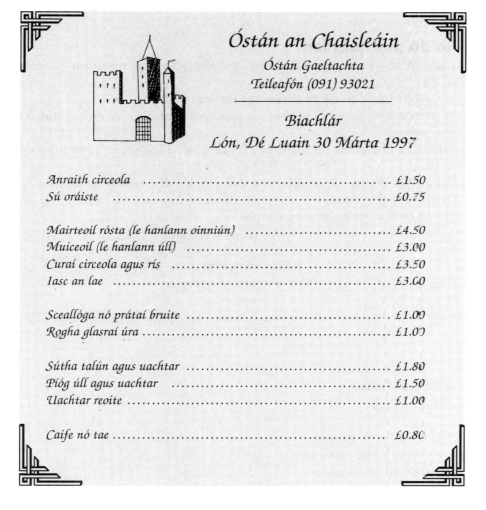

Óstán an Chaisleáin

Óstán Gaeltachta

Teileafón (091) 93021

Biachlár

Lón, Dé Luain 30 Márta 1997

Anraith circeola	£1.50
Sú oráiste	£0.75
Mairteoil rósta (le hanlann oinniún)	£4.50
Muiceoil (le hanlann úll)	£3.00
Curaí circeola agus rís	£3.50
Iasc an lae	£3.00
Sceallóga nó prátaí bruite	£1.00
Rogha glasraí úra	£1.00
Sútha talún agus uachtar	£1.80
Píóg úll agus uachtar	£1.50
Uachtar reoite	£1.00
Caife nó tae	£0.80

(i) Ainm an óstáin agus an pictiúr atá ar an mbiachlár—cén bhaint atá acu lena chéile?

(ii) Tá trí shaghas feola ar an mbiachlár. Ainmnigh *dhá cheann* díobh.

(iii) Tá dhá mhilseog ar an mbiachlár le torthaí orthu. Ainmnigh an *dá cheann*.

Ceisteanna breise (15 marc)

(iv) Cén uimhir theileafóin atá ag an óstán?

(v) Cé mhéad a chosnaíonn sú oráiste?

(vi) Cén lá atá luaite ar an mbiachlár?

How to do this question

- You are advised to pay particular attention to the question patterns on page viii.
- There will usually be three verses on the exam paper.
- You will be asked to read the three verses and to answer three questions based on the verses.
- Question **i** will usually be for verse 1, question **ii** for verse 2, and question **iii** for verse 3.
- As stated previously, you should avoid 'lucky dip' answers, as they will be awarded very few marks.
- Questions will usually be very simple.

Dán samplach 1
This is a worked example.

Ceist 2

(*c*)   Léigh na *véarsaí* seo a leanas agus freagair na ceisteanna a ghabhann leo. (15 marc)

FEAR LASTA LAMPAÍ
Gaillimh, 1928

Ní raibh sé mór an fear
Níor dheas a bhí ach gránna.
Is cóip an bhaile mhóir
Ag fonóid faoi gan náire.
Ach ghluais gan mhairg fós
Is ar chuaillí chuaigh in airde,
Ba dhraíodóir an fear beag
A raibh solas ina ghlaic,
É ag tabhairt na gile leis
Ó lampa go lampa sráide.

Máirtín Ó Direáin

Gluais:
cóip: rabble
ag fonóid: jeering

(i) Cén chuma a bhí ar an bhfear lasta lampaí?
Bhí sé beag agus gránna agus ní raibh sé deas.

(ii) Cén obair a bhí ar siúl aige?
Bhí sé ag dul ó lampa go lampa á lasadh.

(iii) Cén chaoi a las an fear na lampaí?
Le solas.

Dán samplach 2
This is a worked example.

SCRÚDÚ AN TEASTAIS SHÓISEARAIGH, 1996

Ceist 2

(*c*) Léigh na *véarsaí* seo a leanas agus freagair na ceisteanna a ghabhann
leo. (15 marc)

AN BHEAN SIÚIL

1. Cnag géar
   A rap sí ar an doras
   Ciseán ina láimh
   Í ag craitheadh leis an bhfuacht.

2. Í gléasta
   Go gioblach
   A gruaig fhada dhubh
   Go sliobarnach aimhréach.

3. Thug mé di cúpla pingin
   Is bhí go haerach
   Thug dom buíochas 'gus beannacht
   Agus d'imigh go héasca.

Micheál Ó Conghaile

Gluais:
ag craitheadh [croitheadh]: shaking
go sliobarnach [liobarnach] slovenly
aimhréach [aimhréidh]: tattered and
dishevelled

(i) Cad a bhí ina lámh ag an mbean siúil nuair a rap sí ar an doras?
Ciseán [nó Bhí ciseán ina lámh aici].

(ii) Cén cuntas a thugtar ar an mbean siúil i véarsa 2? (Is leor pointe *amháin*.)

Bhí sí gléasta go gioblach [nó Bhí a gruaig fhada dhubh trína chéile].

(iii) Cén fáth ar thug an bhean siúil 'buíochas agus beannacht' don fhile?

Mar gur thug sé cúpla pingin di.

1.

Ceist 2

(*c*) Léigh na *véarsaí* seo a leanas agus freagair na ceisteanna a ghabhann leo.   (15 marc)

AN TINCÉIR

Féach ansiúd é ar thaobh an bhóthair
Is casúr beag ina láimh;
Ina shuí faoin gclaí go tirim compordach
Ag deisiú cannaí stáin;
A hata stróicthe, is poill ina chóta,
Is toitín gearr ina bhéal;
Níl fear in Éirinn chomh meidhreach aerach
Leis an tincéir Sás Ó Néill.

Ó theach go teach tá a bhean is a pháiste
Ag lorg déirce dó;
Tá a iníon Neil ag bailiú adhmaid
Is ag cur na tine i dtreo.
Tá a mhac buí salach thiar an bóthar
Ag cuardach capaill strae;
Is a mhac ard tanaí ag déanamh cannaí
Don tincéir, Sás Ó Néill.

Seán Mac Fheorais

(i)   Cén obair atá idir lámha ag an bhfear siúil?
(ii) Cén chuma atá air?
(iii) Cad tá ar siúl ag a 'mhac buí salach'?

Ceisteanna breise   (15 marc)

(iv) Cad tá ar siúl ag a iníon?
(v) Cén sórt fir é?
(vi) Cén obair atá ar siúl ag a 'mhac ard tanaí'?

2.

SCRÚDÚ AN TEASTAIS SHÓISEARAIGH, 1992

Ceist 2

(*c*) Léigh na *véarsaí* seo a leanas agus freagair na ceisteanna a ghabhann leo. (15 marc)

SA TSRÁID INNÉ

1. Bhí fear ag rince ar leathchois,
   Amuigh sa tsráid inné,
   Feairín is caipín ar a cheann,
   Is dúidín ina bhéal.

2. Níl a fhios agam an port nó ríl,
   Nó cornphíopa féin,
   A bhí ar siúl aige sa tsráid,
   I mbrothall an mheán lae.

3. Bhí bean ag seinm ceoil sa tsráid
   Ar shean-orgáinín béil,
   A súile druidte aici faoin teas,
   Ag éisteacht léi féin.

   Muiris Ó Ríordáin

(i)   Cén chuma a bhí ar an bhfear seo?
(ii) Cén t-am den lá a bhí ann?
(iii) Cad a bhí ar siúl ag an mbean?

Ceisteanna breise (15 marc)

(i)   Cá raibh an fear?
(ii) Cad leis a raibh an bhean ag éisteacht?
(iii) Cén chaoi a raibh an aimsir?

3.

Ceist 2

(*c*) Léigh na *véarsaí* seo a leanas agus freagair na ceisteanna a ghabhann leo. (15 marc)

AN BÓTHAR

Do chaitheas an oíche   Tá smaointe ag taisteal
Ag éisteacht le bóthar,   Ar bhrollach an bhóthair,
Ag éisteacht le daoine,   Tá daoine ag baile
Ag síorbhualadh bóthair,   Is tá smaointe ar an mbóthar,
    Ar théid is ea bhíodar,   Glac smaointe a cailleadh
    Ar théid fhada an bhóthair.   As intinn gan phóca.

Más daoine mar mise
Bhí thíos ar an mbóthar,
Is trua liom a bhfilleadh
Abhaile ón mbóthar
    Ag tinteán gan tine
    Is a n-aigne rompu.

    Seán Ó Ríordáin

(i) Cén chaoi ar chaith an file an oíche?
(ii) Cad a bhí sa bhaile rompu?
(iii) Cad tá ag taisteal ar bhrollach an bhóthair?

Ceisteanna breise (15 marc)
(iv) Cad a bhí ar siúl ag na daoine sa chéad véarsa?
(v) Cén fáth nár mhaith leo filleadh?
(vi) Cad tá na daoine a dhéanamh sa tríú véarsa?

4.

Ceist 2

(*c*) Léigh na *véarsaí* seo a leanas agus freagair na ceisteanna a ghabhann leo. (15 marc)

CÚL AN TÍ

Tá Tír na nÓg ar chúl an tí,
Tír álainn trína chéile,
Lucht ceithre chos ag siúl na slí
Gan bróga orthu ná léine,
Gan Béarla acu ná Gaeilge.
Ach fásann clóca ar gach droim

Sa tír seo trína chéile,
Is labhartar teanga ar chúl an tí
Nár thuig aon fhear ach Aesop,
Is tá sé siúd sa chré anois.
Tá cearca ann is ál sicín,
Is lacha righin mhothaolach,
Is gadhar mór dubh mar namhaid sa tír
Ag drannadh le gach éinne,
Is cat ag crú na gréine.

Seán Ó Ríordáin

(i)   Cá bhfuil 'Tír na nÓg'?
(ii) Cén sórt áite é?
(iii) Ainmnigh *dhá* ainmhí a bhíonn le feiceáil ar chúl an tí.

Ceisteanna breise   (15 marc)
(iv) Cén sórt teanga a labhraítear ar chúl an tí?
(v) Cad a dhéanann an gadhar mór dubh?
(vi) Cá bhfuil Aesop anois?

5.

SCRÚDÚ AN TEASTAIS SHÓISEARAIGH, 1992

Ceist 2

(*c*) Léigh na *véarsaí* seo a leanas agus freagair na ceisteanna a ghabhann
leo.   (15 marc)

GARSÚINÍN DEAS É SEÁN

1. Garsúinín deas é Seán,
    Mac le Máistir Seoirse,
    Chímid é gach lá,
    Agus caitín bán ina chóngar.

2. Is peata an caitín bán,
    Is peata Seán gan amhras,
    Acu tá saol róbhreá,
    Ach ní bheidh go breá ar ball beag.

3. Nuair a rachaidh Seán ar scoil
    Is baol nach mbeidh sé sásta,
    Ní áit do pheata an scoil,
    Ach áit do cheachta gránna.

Peadar Ó hAnnracháin   *Gluais:*
                              ina chóngar: beside him

(i)   Cén t-ainm a thugtar ar athair Sheáin?

(ii) Cén peata atá ag Seán?

(iii) Cén fáth nach mbeidh Seán sásta ar scoil?

Ceisteanna breise   (15 marc)

(iv) Cén sórt buachalla é Seán?

(v)   Cén sórt áite an scoil?

(vi) Cén dath atá ar chaitín Sheáin?

6.

Ceist 2

(c) Léigh na *véarsaí* seo a leanas agus freagair na ceisteanna a ghabhann
leo.   (15 marc)

NA COISITHE

I gcoim na hoíche cloisim iad,
Na coisithe ar siúl
Airím iad, ní fheicim iad,
Ní fios cá bhfuil a gcuaird.

I gcoim na hoíche dorcha,
Is an uile ní i suan,
Airím teacht na gcoisithe
I lár an bhaile chiúin.

An daoine iad nach sona dóibh,
Nó anamna i bpúnc?
Nach aoibhinn dóibh an t-ionad sin
I gónaíd go buan?

I gcoim na hoíche dorcha,
Is cách ina chodladh suain,
Is ea a airím na coisithe
Ag teacht is ag imeacht uaim.

Liam S. Gógan

(i)   Cad a chloiseann an file i gcoim na hoíche?

(ii) Luaigh *dhá* cheist a chuireann an file faoi na coisithe sa tríú véarsa.

(iii) Cén fáth, dar leat, nach bhfeiceann an file na coisithe?

Ceisteanna breise   (15 marc)

(iv) Cén sórt oíche atá ann nuair a chloiseann sé na coisithe?

(v)   An bhfuil aon duine eile ina dhúiseacht?

(vi) An bhfuil a fhios aige cá bhfuil na coisithe ag dul?

7.

Ceist 2

(*c*) Léigh na *véarsaí* seo a leanas agus freagair na ceisteanna a ghabhann
leo.   (15 marc)

AMHRÁN NA GAOITHE

Bím ag rith	Bheirim liom
siar is soir,	An bád is an long
Ar tír is ar muir,	Thar muir anonn
Gan traochadh.	Go héascaidh.
Bíonn mo ghuth	Bímse riamh
Go hard amuigh	Ar an sliabh
San oíche dhubh	Amuigh go dian
'S gach aon bhall.	Ag séideadh.

Pádraig Ó Duinnín

(i)   Cén áit a bhíonn an ghaoth ag séideadh?

(ii) Cá mbíonn a guth san oíche?

(iii) Cad a thugann an ghaoth thar muir léi?

Ceisteanna breise   (15 marc)

(iv) Cathain a bhíonn guth na gaoithe go hard amuigh?

(iv) Conas a bheireann sí an bád is an long thar muir?

(vi) Cad a bhíonn ar siúl ag an ngaoth ar an sliabh?

8.

Ceist 2

(*c*) Léigh na *véarsaí* seo a leanas agus freagair na ceisteanna a ghabhann
leo.   (15 marc)

FAOISEAMH

Chuas chuig na sagairt.	Chuas chuig na saoithe,
Fuaireas faoistin	Fuaireas eolas
ach ní bhfuaireas faoiseamh.	ach ní bhfuaireas tuiscint.
Chuas chuig na dochtúirí,	Chuas chuig na coillte,
Fuaireas buidéal	Ní dúirt na crainn tada
ach ní bhfuaireas leigheas.	ach chodlaíos faoina scáil.

Áine Ní Ghlinn

(i)   Cad a fuair an file ó na sagairt?
(ii) Cén rud nach bhfuair sí ó na sagairt?
(iii) Cén rud nach bhfuair sí ó na saoithe?

Ceisteanna breise   (15 marc)
(iv) Cad a thug na dochtúirí don fhile?
(v)   Cad a fuair sí ó na saoithe?
(vi) An ndúirt na crainn aon rud leis an bhfile?

9.

SCRÚDÚ AN TEASTAIS SHÓISEARAIGH, 1993

Ceist 2
(*c*) Léigh na *véarsaí* seo a leanas agus freagair na ceisteanna a ghabhann
leo.   (15 marc)

An Gadaí

1. Amach i lár na hoíche,
    Is sinne inár luí,
    Bhí duine gránna éigin
    Ag siúl ar fud an tí.

2. D'fhéach gach rud ceart ar maidin,
    Is sinne go léir ag ithe,
    Nuair a d'fhéach mo Dheaid faoin teilifíseán
    Ár bhfíseán nua imithe!

3. Deir Mam gur maith an rud é,
    Ach ní aontaímid léi!
    Imithe ag an ngadaí—
    Nach mór an náire é.

Máire Áine Nic Gearailt

(i)   Cá raibh an teaghlach i lár na hoíche?
(ii) Cad a ghoid an gadaí?
(iii) Cén duine sa teach atá sásta faoin scéal seo?

Ceisteanna breise   (15 marc)
(iv) Cé a bhí ag siúl ar fud an tí?
(v)   Cad a bhí ar siúl ag an teaghlach ar maidin?
(vi) An aontaíonn siad le Mam?

10.

Ceist 2

(*c*)   Léigh na *véarsaí* seo a leanas agus freagair na ceisteanna a ghabhann
leo.   (15 marc)

AN tULCHABHÁN

Is breá liom bheith amuigh
San oíche dhubh,
Ag fiach na bhfrancach is na luch
Atá le fáil go tiubh.

Eitlím go ciúin, ciúin
Ó áit go háit,
Mo shúile móra buí mar thóirsí,
Mise an ceann cait!

Feicfidh tú mé oíche éigin
'S an ghealach lán,
Mo scáil sciathánach ag lorg bia,
Arsa an t-ulchabhán.

Máire Áine Nic Gearailt   *Gluais:*
                                   ag fiach: hunting

(i)   Cad iad na hainmhithe a mbíonn an t-ulchabhán á lorg?
(ii)   Cén chaoi a mbíonn sé agus é ag eitilt?
(iii) Cathain a fheicfidh sé thú?

Ceisteanna breise   (15 marc)

(iv)   Cathain a bhíonn sé amuigh?
(v)   Cén dath atá ar shúile an ulchabháin?
(vi)   Cé hé an 'ceann cait'?

11.

Ceist 2

(*c*)   Léigh na *véarsaí* seo a leanas agus freagair na ceisteanna a ghabhann
leo.   (15 marc)

MADRA AR STRAE

Lá amháin tar éis an tae
Chuaigh madra Sheáin ar strae.
Ní fhaca éinne é ag dul

Is thosaigh Seáinín bocht ag gol.
Chuardaigh sé an teach faoi dhó
An scioból agus cró na mbó,
San úllghort is an garraí dubh,
An áit a mbíonn leitís go tiubh.
Rith sé síos páircín le fána
Ag glaoch ar ais ar a mhadra dána.
Ach mo léan, ní raibh an madra ann,
An coileán dubh le spota donn.
Faoi dheireadh, tar éis uair amháin
Ba í Mam a chonaic an coileán.
'Féach, a Sheáin,' ar sí le gáir,
'Tá Spota ina shuan faoin gcarr.'

Dáithí Ó Diollúin

(i)   Cad a rinne madra Sheáin?
(ii) Ainmnigh *dhá* áit a chuardaigh Seán.
(iii) Cá raibh an madra an t-am go léir?

Ceisteanna breise   (15 marc)
(iv) Cén fáth ar thosaigh Seán ag caoineadh?
(v)   Cén dath a bhí ar an madra?
(vi) Cathain ar chaill Seán a mhadra?

12.
Ceist 2
(*c*) Léigh na *véarsaí* seo a leanas agus freagair na ceisteanna a ghabhann
leo.   (15 marc)

An Smugairle Róin

Cén fáth a bhfuil tusa ag déanamh bróin,
A smugairle róin?
Cén fáth a bhfuil tusa ag déanamh bróin?

Cé a dúirt go bhfuil mise ag déanamh bróin?
Arsa an smugairle róin.
Cé a dúirt go bhfuil mise ag déanamh bróin?

Cad atá ar siúl agat, a smugairle róin?
Ag ithe do lóin?
Cad atá ar siúl agat, a smugairle róin?

Tá mé i mo shuí ar mo thóin,
Arsa an smugairle róin,
Ag ithe mo lóin is ag déanamh bróin
Agus beidh mé anseo go dtí—fan go bhfeicfidh mé
—ceathrú tar éis a ceathair, ar a laghad, san iarnóin.

Gabriel Rosenstock

Gluais:
smugairle róin: jellyfish
san iarnóin: in the afternoon

(i)   Cén cheist a chuir an file ar an smugairle róin sa chéad véarsa?
(ii) Cén freagra a thug an smugairle róin air?
(iii) Cén cheist a chuir an file ar an smugairle róin sa tríú véarsa?

Ceisteanna breise   (15 marc)
(iv) Cad a dúirt an smugairle róin faoina lón?
(v)   Beidh an smugairle róin ansin go dtí am áirithe. Cad é an t-am sin?
(vi) Cad a dúirt an smugairle róin faoina thóin?

13.

Ceist 2

(*c*) Léigh na *véarsaí* seo a leanas agus freagair na ceisteanna a ghabhann leo.
(15 marc)

AN PEILEADÓIR

Sheas sé ar an bpáirc inné
Gan tadaidh ina láimh;
An fear a bhuaigh na cluichí ba chruaidh,
Sular bhris an aois a chnámh.
D'eitil sé go hard sa spéir
Sna laethanta fadó.
Ní raibh fear le fáil thiar nó thall,
Mar an fear seo as Maigh Eo.
Ach tagann an aois mar ghadaí,
Agus tháinig sé, mo leon,
Don fhear a bhuaigh na cluichí ba chruaidh,
An peileadóir as Maigh Eo.

Éamonn Maguire

(i)   Cár sheas an peileadóir inné?
(ii) Cén contae as a raibh sé?
(iii) Cad a thagann mar ghadaí?

Ceisteanna breise (15 marc)

(iv) Cathain ar eitil sé go hard?

(v) Cad a rinne an aois dó?

(vi) Cén sórt cluichí a bhuaigh sé?

14.

Ceist 2

(c) Léigh na *véarsaí* seo a leanas agus freagair na ceisteanna a ghabhann leo. (15 marc)

AN IOMÁINT

> Ar dhroim an domhain níl radharc is áille
> Ná tríocha fear ag bualadh báire,
> Ar pháirc mhór ghlas faoi thaitneamh gréine
> Is na gártha molta ag dul chun spéire.
>
> Dhá fhoireann ghroí in aghaidh a chéile
> Gach fear i mbarr a nirt is a réime,
> Camáin á luascadh ar fud na páirce,
> Is an sliotar ag imeacht ar luas in airde.
>
> An tríocha fear ag rith is ag léimneach,
> Buillí á mbualadh le neart is le héifeacht,
> Tapúlacht coise is oilteacht láimhe
> Ar dhroim an domhain níl radharc is áille.

Seán Ó Finneadha

(i) Cad é an radharc is áille, dar leis an bhfile?

(ii) Cé mhéad foireann a bhíonn ag imirt?

(iii) Cá mbíonn siad ag imirt?

Ceisteanna breise (15 marc)

(iv) Cad a théann suas sa spéir nuair a bhíonn siad ag imirt?

(v) Cad a bhíonn á luascadh ar fud na páirce?

(vi) Cé mhéad fear a bhíonn ag imirt sa chluiche?

15.

SCRÚDÚ AN TEASTAIS SHÓISEARAIGH, 1994

Ceist 2

(c) Léigh na *véarsaí* seo a leanas agus freagair na ceisteanna a ghabhann leo. (15 marc)

BÁS JOHN HARTE

1. Fuair John Harte bás anocht
   I nganfhios d'éinne.
   Mhair sé ar bharr an chnoic
   Tamall suas ón gcrosaire.

2. Ní raibh aige ina theach
   Solas, uisce, ná gréithre.
   Níor réitigh sé lena dhearthair
   Sonny, a mhair trasna na páirce.

3. Bhí a mhuintir riamh ait.
   Ar an máthair bhí cáil na draíochta,
   Chuirfeadh sí an tarbh féin le buile,
   Ach útamáil lena bata sa tine.

Liam Ó Muirthile

(i)   Cad a tharla do John Harte anocht?
(ii) Cén bhaint a bhí aige le Sonny?
(iii) Cén chaoi a gcuirfeadh a mháthair an tarbh le buile?

Ceisteanna breise   (15 marc)
(iv) Cá raibh cónaí ar John Harte?
(v)   Cad a bhí aige ina theach?
(vi) Cén cháil a bhí ar a mháthair? Cad a dhéanfadh sí?

16.
Ceist 2
(*c*) Léigh na *véarsaí* seo a leanas agus freagair na ceisteanna a ghabhann
leo.   (15 marc)

CHLAON MÉ MO CHEANN

Chlaon mé mo cheann
Ar eagla go ndearcfainn
An teach ar tógadh mé ann,
Ar eagla go bhfeicfinn
Mo mháthair sa doras
Agus í ag fanacht go himníoch liom.
Nó m'athair ag pilleadh
Tráthnóna le fonn.

Chlaon mé mo cheann
Ar eagla go scilfeadh
Gach bliain a scéal,
Ar eagla go bhfeicfinn
An strainséar sa doras
Is go ngéillfinn don racht
I mo chléibh.

Séamus Ó Néill

107

(i)   Cén fáth ar chlaon an file a cheann?
(ii) Cén chaoi a mhothaigh sé?
(ii) Cén duine a cheap sé go mbeadh sa doras?

Ceisteanna breise   (15 marc)

(iv) Cé a bheadh ag fanacht go himníoch leis?
(v) Cén t-am a fhilleadh a athair abhaile?
(vi) Cad a bhí ina chliabh ag an bhfile?

17.

Ceist 2

(*c*) Léigh na *véarsaí* seo a leanas agus freagair na ceisteanna a ghabhann
       leo.   (15 marc)

DUILLEOGA AR AN LIFE

Duilleoga ar snámh
Donn, geal is rua,
Ar abhainn na Life
Ag seoladh le sruth.

Spréigh siad brat glas
Ar bharra na gcrann,
Ar fud cuibhreann is coillte,
I bhfad, i bhfad ó shin ann.

Duilleoga ar snámh,
Lá ceoch fómhair,
Ag iompar na háilleachta
Trí shráideanna dobhair.

Séamas Ó Néill

(i)   Ainmnigh dathanna na nduilleog.
(ii) Cár spréigh na duilleoga brat glas?
(iii) Cá raibh siad ag iompar na háilleachta?

Ceisteanna breise   (15 marc)

(iv) Cén abhainn ar a raibh na duilleoga?
(v) Cén t-am den bhliain a bhí na duilleoga ar snámh?
(vi) Cá raibh siad ag seoladh?

18.

Ceist 2

(*c*)   Léigh na *véarsaí* seo a leanas agus freagair na ceisteanna a ghabhann
leo.   (15 marc)

AN BACACH

Tháinig sé don doras,   an bháisteach dhubh
a phíb bheag ina láimh,   anuas air,
a mhaide faoina ascaill   an oíche fhuar ina thimpeall

agus, mura mbeadh agam   agus, mura mbeadh agam
ach pingin dó,   ach pingin dhonn
ba bhuíochas síor a chanfadh.   ba bhuíochas síor a chanfadh.

Chonaic mé uair eile é
ag cúinne sráide
in aice áit an mhargaidh,

Seán Ó Leocháin

(i)   Cé a tháinig don doras?
(ii)   Cá bhfaca an file uair eile é?
(iii) Cén chaoi a raibh an aimsir?

Ceisteanna breise   (15 marc)

(iv)   Cén chuma a bhí air nuair a tháinig sé don doras?
(v)   Cad a dhéanfadh an bacach mura dtabharfadh an file ach pingin dó?
(vi)   Cad a bhí ag titim anuas ar an mbacach?

19.

Ceist 2

(*c*)   Léigh na *véarsaí* seo a leanas agus freagair na ceisteanna a ghabhann
leo.   (15 marc)

CLAPSHOLAS SA BHAILE MÓR

Tá na siopaí á ndúnadh
Is na busanna lán.
Na lampaí ag soilsiú
Gach sráid is cosán.

Líne mhór dhíreach tráchta
Ar an mbealach amach.

Le deifir ar chách
Bheith ar ais ina dteach.

Tá na buachaillí nuachta
Ag díol an pháipéir.
Thar díon is thar stuaic
Tá an ghealach sa spéir.

Beidh dordán mórthimpeall
Ar feadh uair nó dhó.
Roimh thuirlingt don oíche
Is brat liath an cheo.

Dáithí Ó Diollúin

Gluais:
clapsholas: twilight
dordán: murmur, hum

(i)   Cén t-am den lá atá i gceist?
(ii) Cá mbíonn gach duine ag dul?
(iii) Cad tá ar siúl ag na buachaillí nuachtán?

Ceisteanna breise   (15 marc)
(iv) Cén fáth a bhfuil na siopaí á ndúnadh?
(v) Cén fáth a mbíonn deifir ar gach duine?
(vi) Cad a bheidh timpeall roimh theacht na hoíche?

20.
SCRÚDÚ AN TEASTAIS SHÓISEARAIGH, 1995

Ceist 2

(*c*) Léigh na *véarsaí* seo a leanas agus freagair na ceisteanna a ghabhann
      leo.   (15 marc)

Ná Tabhair Aon Rud le hIthe Dóibh!

Léim spásfhirín go beo isteach im' leabasa aréir,
'Cad as ar tháinig tusa? Díreach anuas ón spéir?'
'Bog isteach!' ar seisean, 'táim préachta leis an bhfuacht—
Aon rud maith ar an mbosca?' 'Tá,' arsa mise, 'an nuacht.'

'Bhuel, cuir ar siúl láithreach é!' arsa an spásfhirín ag crith,
'Agus tabhair dom rud éigin le hithe—táim stiúgtha—rud ar bith!'
Fuair mé ceapaire feola dó agus d'fhéach air faoi dhó:
'Tá brón orm,' arsa an spásfhirín, 'rud ar bith ach bó.'

Fuair mé pláta pónairí dó, sailéad agus rís,
Agus d'ailp sé siar an t-iomlán ag breathnú ar an teilifís:
Agus chuala mé an léitheoir nuachta: *'Tá fíríní i mBaile Átha Cliath*
Ach ní dhéanfaidh siad dochar dá laghad duit má choinníonn tú amach iad ó bhia.'

Gabriel Rosenstock

Gluais:
spásfhirín: little spaceman
ar an mbosca: on television

(i)   Cén cuairteoir a tháinig chuig an bhfile aréir?
(ii)   Cén fáth ar thug an file rud éigin le hithe don spásfhirín?
(iii)   Luaigh *dhá* rud a thug an file le hithe don spásfhirín.

Ceisteanna breise   (15 marc)
(iv) Cad as ar tháinig an spásfhirín?
(v)   Cad a bhí ar an teilifís?
(vi) Cad a rinne an spásfhirín leis an mbia?

Aonad 5

Léamhthuiscint (Sleachta)—Ceist 3

Prose extracts are included in this part of the examination, and you will be expected to show that you understand the passages and that you can answer comprehension questions relating to them. As many of the passages deal with current affairs, you should prepare for this part of the exam by reading Irish-language magazines and papers.

Thre are two comprehension passages in this part of the examination. Both sections (*a* and *b*) should be attempted. Each section carries *30 marks*. As in questions 1 and 2, all answers have to be written *on the examination paper*. It should be remembered that many of these passages are taken from magazines and papers. A picture is usually given, and the headline for the passage will also help you in dealing with the topic.

Difficult words or expressions may be explained in the *gluais* (glossary) that is sometimes included at the bottom of the passage.

How to do question 3

1 You should read the passage *once*. You should read it a *second* time if you are not certain of its meaning.
2 You should *underline the main word* in each of the five questions.
3 You should note in the passage where each of the underlined words are.
4 You should now attempt each question.
5 Remember that the questions are often in sequence in relation to the passage: the first question usually relates to the beginning of the passage, the last question to the end of the passage, and so on.
6 You should attempt *each of the five questions*, even in cases where you have little or no idea of the answer. You cannot be given marks for leaving blank spaces.
7 Each of the five questions in *ceist 3* (*a*) and (*b*) carries equal marks (6 marks each).

Na hirisí

Here are the names of some of the most popular Irish-language magazines and papers; I include extracts from most of them in this book. The Department of Education constantly uses extracts from these publications for the Junior Certificate examinations.

- *Foinse*
- *Lá*
- *Saol*
- *An Dréimire*

- *Mahogany Gaspipe*
- *An Gael Óg*
- *Cumarsáid*

Note

Mholfainn do dhaltaí féachaint siar ar na *patrúin cheisteacha*. Once again I would advise you to look back over and learn by heart the *question patterns* on page viii.

Sliocht samplach 1
This is a worked example.

SCRÚDÚ AN TEASTAIS SHÓISEARAIGH, 1996

(a) Léigh an sliocht seo a leanas agus freagair na ceisteanna a ghabhann leis.

(30 marc)

MARIAH ÁLAINN

'Ní raibh mé riamh ag iarraidh aon rud eile a dhéanamh ach bheith i m'amhránaí.' Sin é a deir Mariah Carey.

Agus ní raibh ar Mhariah fanacht i bhfad chun clú agus cáil a bhaint amach. Chuir sí an chéad albam—'Mariah Carey'—ar an margadh sa bhliain 1990. Dhíol an t-albam sin naoi milliún cóip; dhíol an chéad albam eile, 'Emotions', cuid mhór cóipeanna fosta, agus is bean saibhir anois í.

Tá an t-albam is deireanaí a chuir Mariah ar an margadh, 'Music Box', fós ag díol go maith. Tá an chuma air nach bhfuil rud ar bith ábalta an cailín seo a stopadh!

Leag Mariah stampa an ghrá ar 'Music Box' le hamhráin ar nós 'Dream Lover'. 'Is maith le gach duine amhráin ghrá mar go mbaineann siad le saol gach aon duine,' dar le Mariah.

Rugadh agus tógadh Mariah i Nua-Eabhrac. Ba mhúinteoir amhránaíochta a máthair agus bhíodh sí ag canadh i gceol-drámaí sa chathair. Thosaigh Mariah ag canadh nuair a bhí sí ceithre bliana d'aois. Bhí amhráin á scríobh aici nuair nach raibh sí ach sna déaga.

Tá go leor gradam bainte amach ag Mariah le blianta anuas. Shroich ceithre cheirnín shingile ón albam 'Mariah Carey' uimhir 1 i gcairteacha Billboard i Meiriceá. Níl Mariah Carey ach trí bliana is fiche d'aois, ach tá sí chun éirí níos cáiliúla fós sna blianta amach romhainn.

[As *Mahogany Gaspipe.*]

Gluais:
fosta: also
gradam: honour, prize

(i) Cad ba mhaith le Mariah a dhéanamh ó bhí sí an-óg?
Canadh.

(ii) Cén chaoi ar éirigh leis an gcéad albam a chuir Mariah ar an margadh?
Dhíol sé naoi milliún cóip.

(iii) Cén fáth ar maith le gach duine amhráin ghrá, dar le Mariah?

Mar go mbaineann amhráin ghrá le saol gach duine.

(iv) Cén post a bhí ag a máthair?

Múinteoir amhránaíochta ba ea í [nó a bhí inti].

(v) Cén gaisce mór a rinne na ceithre cheirnín shingile a tógadh ón albam 'Mariah Carey'?

Shroich siad uimhir 1 i gcairteacha Billboard i Meiriceá.

Sliocht samplach 2
This is a worked example.

SCRÚDÚ AN TEASTAIS SHÓISEARAIGH, 1996

(a) Léigh an sliocht seo a leanas agus freagair na ceisteanna a ghabhann leis.   (30 marc)

Wayne McCullogh: dornálaí Bhéal Feirste

Tá traidisiún láidir dornálaíochta i mBéal Feirste. Is sa chathair sin cois cuain a throid Barry McGuigan a lán dá throideanna cáiliúla. Ní nach ionadh mar sin gur i mBéal Feirste a rugadh agus a tógadh Wayne McCullogh. Bhí an chéad bhabhta dornálaíochta ag Wayne nuair a bhí sé naoi mbliana d'aois!

Óna iompar cúthail béasach cheapfá gur duine ciúin séimh é Wayne, ach, ar nós gach dornálaí eile, caithfidh sé a bheith cruálach uaireanta. Is sa chró dornálaíochta amháin, agus é ag troid go gairmiúil, a thagann an tréith seo chun cinn, beidh áthas ort a chloisteáil!

Bhí an-díomá ar Wayne nuair nár bhuaigh sé an bonn óir i mBarcelona sa bhliain 1992, ach bhí an fear ó Chúba, Joel Casamayor, róláidir dó.

Bhí deoir nó dhó le feiceáil i súile Wayne bhoicht tar éis na troda, ach bhí a fhios aige, mar a bhíonn i gcónaí i gcúrsaí spóirt, go mbeadh lá eile aige. Bhí, agus lá mór! I mí Iúil na bliana 1995, nuair a chuaigh Wayne go Nagoya sa tSeapáin chun troid in aghaidh Yasuei Yakushiji, curadh an domhain ina mheáchan féin, bhí go leor daoine ann a shíl gur rud craiceáilte a bhí á dhéanamh aige.

'An Seapánach a throid ina thír féin? Amaidí!' a dúirt siad. Ach bhí dul amú ar na daoine sin, mar bhuaigh Wayne an troid. Agus ní hamháin sin ach thug sé an crios geal óir abhaile leis go Béal Feirste.

[As *Mahogany Gaspipe*.]

Gluais:
duine cruálach: a cruel person
cró dornálaíochta: boxing-ring
an-díomá: great disappointment

(i)   Cén áit ar rugadh Wayne McCullogh?

I mBéal Feirste.

(ii)   Cén aois a bhí sé nuair a bhí an chéad bhabhta dornálaíochta aige?

Naoi mbliana d'aois.

(iii)   Cén uair a bhíonn sé cruálach?

Sa chró dornálaíochta nuair a bhíonn sé ag troid go gairmiúil.

(iv)   Cén fáth a raibh an-díomá agus brón air i mBarcelona sa bhliain 1992?

Mar níor bhuaigh sé an bonn óir.

(v)   Cén chaoi ar éirigh leis sa troid in aghaidh Yasuei Yakushiji?

Bhuaigh Wayne McCullogh an troid.

Sliocht samplach 3
This is a worked example.

SCRÚDÚ AN TEASTAIS SHÓISEARAIGH, 1995

(a)   Léigh an sliocht seo a leanas agus freagair na ceisteanna a ghabhann leis.   (30 marc)

Aghaidh nua ar RTE

Aghaidh nua ar RTE is ea Sharon Ní Bheoláin, atá ag léamh ceannlínte nuachta ar an teilifís le tamall anuas.

I Mullach Íde ar chósta Chontae Bhaile Átha Cliath a rugadh agus a tógadh an bhean óg chumasach seo. Ní raibh Gaeilge ar bith á labhairt sa teaghlach ná sa timpeallacht, ach tharla sé go ndeachaigh Sharon siar chuig Coláiste Cholumba ar an gCeathrú Rua i gConamara nuair a bhí sí ceithre bliana déag d'aois. Is ansiúd a tharla an t-athrú ó thaobh na Gaeilge, agus d'fhill sí ar an gcoláiste samhraidh sin gach uile bhliain ó shin—mar dhalta ar dtús, ansin mar chinnire, agus faoi dheireadh mar mhúinteoir.

Bhí suim ag Sharon i gcúrsaí cumarsáide i gcónaí, agus thosaigh sí ag obair le Raidió na Life, an stáisiún Gaeilge i mBaile Átha Cliath, ar dtús. Ansin thug Pádraig Ó Gaora, ceannasaí nuachta RTE, deis di dul faoi thástáil don teilifís. D'éirigh go maith léi, agus i dtosach bhí cúpla lá sa tseachtain á gcaitheamh aici in RTE leis na ceannlínte nuachta a léamh. Faoi láthair bíonn Sharon le feiceáil go rialta ag léamh na nuachta ar RTE de ló agus d'oíche.

Bean í Sharon ar breá léi freastal ar dhrámaí agus ar cheolchoirmeacha, agus is maith léi scíth a ligean ag dioscó nó i gclub oíche. Tá suim aici sa léitheoireacht freisin.

Taitníonn leabhair Bhreandáin Uí Eithir—an scríbhneoir cáiliúil as Árainn agus a bhíodh ag obair le RTE freisin—go mór léi.

Cloisfear agus feicfear Sharon Ní Bheoláin níos minice, sílim, sna blianta atá romhainn.

[As *Saol*.]

Gluais:
faoi thástáil: on trial

(i) Cad a bhíonn á léamh ag Sharon ar an teilifís?

Na ceannlínte nuachta.

(ii) Cá bhfuil Mullach Íde?

Tá Mullach Íde ar chósta Chontae Bhaile Átha Cliath.

(iii) Cá ndeachaigh Sharon nuair a bhí sí ceithre bliana déag d'aois?

D'fhreastail sí ar Choláiste Cholumba ar an gCeathrú Rua.

(iv) Cén chaoi ar éirigh le Sharon nuair a chuaigh sí faoi thástáil don teilifís? Cá bhfios duit?

D'éirigh go maith léi; bhí sí ag léamh ceannlínte na nuachta cúpla lá sa tseachtain.

(v) Luaigh *dhá* chineál caitheamh aimsire atá ag Sharon.

Is maith léi freastal ar dhrámaí agus ar cheolchoirmeacha, dul go dioscó nó club oíche, agus léitheoireacht. [Luaigh aon dá cheann as na trí cinn seo.]

1.

(a) Léigh an sliocht seo a leanas agus freagair na ceisteanna a ghabhann leis. (30 marc)

GARY KELLY

'Ní bhíonn deacracht dá laghad aige le himreoir ar bith, fiú Ryan Giggs.' Sin a deir bainisteoir Leeds United, Howard Wilkinson, faoin óganach ó Dhroichead Átha Gary Kelly.

Breis agus bliain ó shin ní raibh aithne dá laghad ag aon duine ar Kelly. Ní raibh ag éirí rómhaith leis i Leeds, áit a raibh uaigneas ag cur isteach air. Bhraith sé a mhuintir agus a chairde go mór uaidh. Ach anois tá aithne ag cách air. Tar éis séasúr den scoth le Leeds United d'imir sé sa Chorn Domhanda le foireann na hÉireann. Níos tábhachtaí fós, áfach, tá sé sona, agus is beag uaigneas a bhraitheann sé.

Tá an-chreidiúint ag dul dá bhainisteoir, Wilkinson, don athrú. Shíl sé go raibh Kelly ró-bheag le himirt chun tosaigh nó i lár na páirce; ach thuig sé go raibh an-luas aige agus an-chumas imeartha. Nuair a d'fhág an lánchúlaí ar deis, Mel Sterland, an club chuir sé cogar i gcluas Kelly. 'Tá mé ag tabhairt ceithre chluiche duit. Tabhair fáth dom gan leath-mhilliún punt a chaitheamh ar lánchúlaí eile.'

Níor fhan Kelly ar an dara fhocal, agus ó shin níor chaill sé aon chluiche. Toisc a aois agus a dhathúlacht is cuid de 'Take That' na foirne idir-náisiúnta é le Phil Babb agus Jason McAteer. Dá gcuirfeadh an triúr ceirnín singil amach is cinnte go sroichfeadh sé barr na gcairteanna in Éirinn. Tá póstaeir den triúr ar bhallaí seomraí codlata chailíní suas síos na tíre.

Is ar Choláiste Pobail San Oilibhéar i nDroichead Átha a d'fhreastail sé. Ach ní raibh mórán spéise aige i scolaíocht, agus d'fhág sé tar éis dó an Teastas Sóisearach a chríochnú. D'imir sé sacar le Drogheda Boys roimh bogadh go Home Farm, agus bhain sé an-taitneamh as an bpeil Ghaelach nuair a d'imir sé leis an gclub áitiúil, Wolfe Tones.

Tá sé i Sasana anois le trí bliana, agus is é an t-aon duine é de thrí pháiste dhéag Johnny agus Caire Kelly a d'fhág Droichead Átha. Is leanbh na clairne é chomh maith. Filleann sé abhaile gach uair a fhaigheann sé an deis, agus is dócha go bhfillfidh sé nuair a éiríonn sé as an imirt.

Ní tharlóidh sin go ceann roinnt mhaith blianta. Go dtí sin leanfaidh sé ag feabhsú, leanfaidh Wilkinson agus Jack Charlton á roghnú, agus leanfaidh cailíní na hÉireann ag titim i bhfanntais nuair a smaoiníonn siad air.

[As *Mahogany Gaspipe*.]

(i)   Cad a bhí ag cur isteach ar Gary Kelly, i Leeds, bliain ó shin?
(ii)   Cad a cheap Howard Wilkinson faoi Gary ar dtús?
(iii) Cé a d'fhág an club sular thosaigh Gary ag imirt leo?
(iv)   Ainmnigh tuismitheoirí Gary Kelly.
(v)   Cén scoil ar fhreastail Gary uirthi?

Ceisteanna breise   (30 marc)
(vi)   An mbíonn aon deacracht aige le Ryan Giggs?
(vii) Cén scrúdú a rinne sé sular fhág sé Coláiste Pobail San Oilbhéar?
(viiii) Ainmnigh an club ar imir sé peil Ghaelach leis.
(ix)   Cé leis, in Éirinn, ar imir sé tar éis bogadh ó Drogheda Boys?
(x)   Cé mhéad bliain a bhfuil sé i Sasana anois?

2.
(a)   Léigh an sliocht seo a leanas agus freagair na ceisteanna a ghabhann leis.   (30 marc)

Drámaí Gaeilge ag an bhFéile Amharclainne

Léireofar trí dhráma Ghaeilge le linn Fhéile Amharclainne Bhaile Átha Cliath an mhí seo. Is in Amharclann Choláiste Mhuire, Cearnóg Parnell, a chuirfear ar an ardán iad, faoi choimirce an Chomhlachais Náisiúnta Drámaíochta.

Idir Dhá Shorcas is teideal do dhráma nuascríofa le Pól Mag Uidhir. Beidh an dráma seo á léiriú ag Aisteoirí na Tíre, grúpa aisteoirí as Muineachán, an Iúr, Béal Feirste, agus Dún na nGall. Baineann an dráma leis na triobóidí ó thuaidh.

Léireofar freisin Le Cuimhne na nDaoine, dráma nuascríofa ag Paidí Ó Dálaigh, drámadóir óg as Dún Chaoin. Beidh sé á chur i láthair ag Aisteoirí na hOllscoile, Gaillimh.

Cuirfidh Aisteoirí Chúil Aodha dráma Tom McIntyre An tOcras Mór i láthair.

Léiríonn Liam Ó Mathúna an dráma seo, le cabhair córagrafaíochta ó David Gordon.

Is féidir tuilleadh eolais a fháil faoi na léiriúcháin seo trí ghlaoch ar Threasa Nic Dhonncha ag an uimhir (091) 574146.

(i)   Cá léireofar na trí dhráma Ghaeilge?
(ii) Cén dráma nua a scríobh Pól Mag Uidhir?
(iii) Cé a scríobh *An tOcras Mór*?
(iv) Ainmnigh *dhá* áit arb as baill d'Aisteoirí na Tíre.
(v)   Conas is féidir tuilleadh eolais a fháil?

Ceisteanna breise   (30 marc)
(vi)   Cé a chuirfidh dráma Tom McIntyre i láthair?
(vii) Cé aige a bheas *An tOcras Mór* á léiriú?
(viii) Cé mhéad dráma a léireofar ar fad?
(ix)   Cad a dhéanfaidh David Gordon?
(x)   Cén dráma nua a scríobh Paidí Ó Dálaigh?

3.
(a)   Léigh an sliocht seo a leanas agus freagair na ceisteanna a ghabhann leis.   (30 marc)

Altan le Virgin

Tá an sárghrúpa traidisiúnta 'Altan' tar éis síniú leis an lipéad ceirníní Virgin. Bhí siad le Green Linnet le roinnt blianta anuas, agus tuairiscítear go mbeidh a gcéad cheirnín le Virgin ag teacht amach níos moille i mbliana. Chuir Green Linnet an chuid is fearr dá gcuid ceoil i dtoll a chéile ar fhadcheirnín amháin anuraidh, agus bhí sé ar an ceirnín is mó díol ón lipéad sin don bhliain.

D'éirigh go han-mhaith le Scoil Gheimhridh Frankie Kennedy, in ómós d'fhliúiteadóir Altan, a fuair bás breis is bliain ó shin. Tháinig na céadta le chéile i nGaoth Dobhair chun ceiliúradh a dhéanamh ar a chuid ceoil. I measc iad siúd a bhí páirteach bhí Liam Ó Maonlaí, Steve Cooney agus Séamus Begley, Sharon Shannon, Dónal agus Manus Lunny, Máire Ní Bhraonáin, agus Maighréad Ní Dhomhnaill. Tá Mairéad Ní Mhaonaigh agus an chuid eile d'Altan ar chamchuairt Eorpach san am i láthair.

(i) Cén lipéad a bhfuil 'Altan' leis?

(ii) Cathain a bheidh a gcéad cheirnín ag teacht amach leis an lipéad nua seo?

(iii) Cé a fuair bás breis is bliain ó shin?

(iv) Cén fáth ar tháinig slua mór le chéile i nGaoth Dobhair?

(v) Cá bhfuil 'Altan' agus Mairéad Ní Mhaonaigh faoi láthair?

Ceisteanna breise (30 marc)

(vi) Cén sórt grúpa iad Altan?

(vii) Conas ar éirigh le Scoil Gheimhridh Frankie Kennedy?

(viii) Cén lipéad a raibh 'Altan' leis sula ndeachaigh siad go Virgin?

(ix) Ainmnigh *triúr* ar bith a ghlac páirt sa cheiliúradh i nGaoth Dobhair.

(x) Cad a rinne Green Linnet anuraidh?

4.

(a) Léigh an sliocht seo a leanas agus freagair na ceisteanna a ghabhann leis. (30 marc)

Sa nuacht: **Roddy Doyle**

Tá an scríbhneoir clúiteach seo sa nuacht faoi láthair de bharr fhoilsiú a úrscéil is déanaí, *The Woman Who Walked Into Doors*.

Rugadh i mBaile Átha Cliath é sa bhliain 1958. D'fhreastail sé ar Scoil Fhionntain i gCill Fhionntain i dtuaisceart na cathrach, agus ansin d'fhreastail sé ar Choláiste na hOllscoile, Baile Átha Cliath. Nuair a bhain sé a chéim amach thosaigh sé ag múineadh i gCill Bharróg.

Foilsíodh a chéad úrscéal, *The Commitments*, i 1987. Sa bhliain 1990 rinneadh scannán den leabhar sin. Foilsíodh *The Snapper* sa bhliain chéanna, agus rinneadh scannán de sin chomh maith.

Foilsíodh *The Van*, an tríú cuid dá shraith faoi mhuintir Rabbitte, i 1991. Sa bhliain 1993 bronnadh ceann de ghradaim liteartha mhóra an domhain air: Duais Booker. Is dá úrscéal *Paddy Clarke Ha Ha Ha* a fuair sé an gradam sin, leabhar faoi bhuachaill ag fás aníos i mBaile Átha Cliath.

Tá dhá dhráma scríofa ag Roddy Doyle chomh maith: *Brownbread* agus *War.* Sa bhliain 1994 scríobh sé an script do *Family*, sraith teilifíse faoi theaghlach i mbruach-bhaile bocht i mBaile Átha Cliath. Craoladh na cláir ar RTE agus ar BBC. Is í Paula, máthair an teaghlaigh sa tsraith sin, príomhphearsa an úrscéil nua.

(i)   Cén fáth a bhfuil Roddy Doyle sa nuacht le déanaí?

(ii) Cén bhliain a bhfuair sé Duais Booker?

(iii) Cár rugadh Roddy Doyle?

(iv) Cén t-ainm atá ar an leabhar nua?

(v)   Cathain a foilsíodh *The Commitments*?

Ceisteanna breise   (30 marc)

(vi)   Cén leabhar a bhfuair Roddy Doyle Duais Booker dó?

(vii) Ainmnigh an *dá* dhráma atá scríofa ag Roddy Doyle.

(viii) Cén leabhar leis a foilsíodh sa bhliain 1991?

(ix)   Ainmnigh na cláir theilifíse le Roddy Doyle a craoladh le déanaí.

(x)   Ainmnigh an ollscoil ar fhreastail sé uirthi.

5.

SCRÚDÚ AN TEASTAIS SHÓISEARAIGH, 1994

(a)   Léigh an sliocht seo a leanas agus freagair na ceisteanna a ghabhann
leis.   (30 marc)

Madra iontach
Seán Mac Mathúna

Madra mór breá ba ea Spook. Alsáiseach a bhí ann. Ba le muintir Rowe é, a bhí ina gcónaí i Sacramento, Cailfornia. Ach fuair fear an tí post nua in Alaska, agus bhí ar an teaghlach go léir imeacht as Sacramento agus aistriú go hAlaska. Ar bord loinge a chuaigh siad ann, agus ba sa gheimhreadh a rinne siad an turas.

Oíche amháin, nuair a bhí an long míle amháin amach ó chósta Alaska, thit Spook isteach san fharraige. Rith muintir Rowe chuig an gcaptaen láithreach, ach ní raibh sé sásta an long a stopadh. 'Aon rud a thiteann isteach san fharraige san áit seo,' a dúirt sé, 'gheobhaidh sé bás taobh istigh de chúpla nóiméad, mar tá an t-uisce chomh fuar sin.'

Nuair a chuaigh muintir Rowe i dtír bhí brón mór orthu i dtaobh a bpeata, ach níor chreid siad go raibh sé marbh. Chuir siad fógraí sna nuachtáin go léir, agus chuardaigh siad gach gabhann in Alaska. Ach níor tháinig siad ar Spook.

Bhí siad in Alaska le dhá mhí nuair a bhí ar Rowe cuairt a thabhairt ar a sheanteach i Sacramento—agus cé a bheadh ann roimhe ach Spook! Bhí drochbhail ar an madra bocht.

Bhí a chosa ar fad gearrtha, agus ní raibh ann ach an craiceann agus na cnámha. 'Fuaireamar é in aice le do sheanteach cúpla lá ó shin,' arsa comharsa leis.

Bhí ionadh an domhain ar Rowe nuair a chonaic sé Spook. 'Sin turas uafásach fada ó Alaska go Sacramento,' a dúirt sé. 'Tá níos mó ná 1,000 míle slí ann,'

Gluais:
alsáiseach: alsatian   **gabhann:** animal pound

(i)   Cén fáth a raibh ar mhuintir Rowe dul go hAlaska?

(ii)   Cad a tharla amach ó chósta Alaska?

(iii)   Cén fáth ar cheap an captaen go raibh Spook marbh?

(iv)   Cén chaoi a bhfuil a fhios againn nár chreid muintir Rowe go raibh Spook marbh? (Is leor pointe *amháin*.)

(v)   Cén drochbhail a bhí ar Spook bocht nuair a tháinig siad air?

6.

(a)   Léigh an sliocht seo a leanas agus freagair na ceisteanna a ghabhann leis.

(30 marc)

Crow

Tá nath cainte ann a úsáidtear go minic i gcás duine a cheapann gur amhránaí é nó í ach nach bhfuil guth rómhaith ag an té sin: 'Níl ionat ach préachán!' Cé go bhfuil préachán i sloinneadh Sheryl Crow, is cinnte nach préachán ag canadh í.

Cé go bhfuil sí ar an mbóthar le tamall, is le déanaí a chuala an chuid is mó againn fúithi ó d'eisigh sí an ceirnín singile 'All I Wanna Do' anuraidh. Anois bíonn a guth le cloisteáil ar stáisiúin raidió ceoil go minic agus bíonn a haghaidh le feiceáil ar MTV agus ar chláir ar nós 'Beat Box'.

Ocht mbliana ó shin bhí Sheryl ag múineadh ceoil i mbaile beag darb ainm Kennet sna Stáit Aontaithe. Ansin thosaigh sí ag canadh ar ghliográin cheoil do chomhlachtaí ar nós McDonald's. Ní raibh sé i bhfad go dtí gur bhog sí ó na Big Macs go dtí an saol ceoil lánaimseartha.

Chaith sí tréimhse mar amhránaí le grúpa Michael Jackson. Le linn di a bheith sa ghrúpa sin foilsíodh grianghraf di sa nuachtán National Enquirer *a thug le fios gurbh í 'Michael Jackson's secret love'; mar is gnách leis an nuachtán sin, ní raibh an scéal fíor.*

[As *Mahogany Gaspipe*.]

Gluais:

préachán: a crow

gliogáin cheoil: jingles

(i)   Ainmnigh an ceirnín singile a d'eisigh Sheryl Crow anuraidh.

(ii)   Cad é an nath cainte a úsáidtear go minic?

(iii) Ainmnigh clár *amháin* a raibh Sheryl le feiceáil air.
(iv) Cá fhad ó shin a bhí sí ag múineadh ceoil?
(v) Cá mbíonn Sheryl le cloisteáil go minic?

Ceisteanna breise   (30 marc)
(vi) Cá raibh Sheryl ag múineadh ceoil?
(vii) Cad a dhéanadh sí don chomhlacht McDonald's?
(viii) Cad a rinne sí ina dhiaidh sin?
(ix) Cad a dúirt an *National Enquirer* fúithi?
(x) An raibh a ndúirt siad fúithi fíor?

7.
(a) Léigh an sliocht seo a leanas agus freagair na ceisteanna a ghabhann
leis.   (30 marc)

WAYNE McCULLOGH

Tá an rírá agus an ruaille buaille ar fad faoi Steve Collins faoi láthair. Tá leabhar curtha amach aige faoina shaol. Tá sé tar éis dhá bhua den scoth a fáil ar an Sasanach Chris Eubank—an babhta deireanach i bPáirc Uí Chaoimh mí Mheán Fómhair.

Tá an cháil uile tuillte go maith aige. Is fada é ag fanacht uirthi. Chaith sé na blianta fada ag cleachtadh a cheirde i bhfad ó bhaile i mBoston Mheiriceá. Thar lear freisin atá Wayne McCullogh ag cur snasa ar a chuid scileanna dornálaíochta. Ach, murab ionann agus an Baile Átha Cliathach, is i Los Angeles atá sé ag cur faoi. Tá rath ag teacht air i bhfad níos tapúla freisin ná mar a tháinig ar an gCoileánach.

Bhí an-ghealladh faoi McCullogh riamh ó thosaigh sé ag dornálaíocht faoi stiúir Harry Robinson i gclub an Albert Foundry i mBéal Feirste. Is ann a chaith McCullogh an-chuid dá ama mar óganach. Bhí sé éadrom lúfar ar a chosa, gasta lena lámha, agus cliste lena inchinn. Is beag babhta a chaill sé, agus ba ghearr gur thuill sé an leasainm 'the Pocket Rocket'.

Is cuimhin linn uile é ón mbliain 1992, nuair a bhuaigh sé bonn airgid sna Cluichí Oilimpeacha. Chaill sé i gcoinne fear ard ó Chuba, Joel Casamayor, sa bhabhta ceannais. Toisc bonn óir a bheith faighte aige, tugadh níos mó airde ar Michael Carruth, ach ó shin is é McCullogh atá chun tosaigh ar Carruth i ndomhan na dornálaíochta.

Faoi bhainisteoireacht chinnte chúramach an Mheiriceánaigh Ed Tinley tá McCullogh tar éis ocht dtroid déag a bhuachan. Bhuaigh sé Craobh an Domhain mí Lúnasa na bliana seo.

[As *Mahogany Gaspipe.*]

(i) Cad tá curtha amach ag Steve Collins?
(ii) Cé atá ag dornálaíocht thar lear?
(iii) Cár throid Steve Collins i gcoinne Chris Eubank an babhta deireanach?
(iv) Cár thosaigh Wayne McCullogh ag dornálaíocht ar dtús?
(v) Cé mhéad bua a fuair sé ar Chris Eubank?

Ceisteanna breise   (30 marc)
(vi) Cad a bhuaigh McCullogh sna Cluichí Oilimpeacha?
(vii) Cé mhéad troid atá buaite ag Wayne McCullogh?
(viii) Cén leasainm atá ag McCullogh?

(ix)   Cén duais a bhuaigh Michael Carruth sna Cluichí Oilimpeacha?

(x)   Cé atá ag cabhrú le Wayne McCullogh?

8.

(a)   Léigh an sliocht seo a leanas agus freagair na ceisteanna a ghabhann leis.   (30 marc)

Sa nuacht: Cathal Ó Searcaigh

Ainmníodh an file Ultach Cathal Ó Searcaigh mar 'scríbhneoir cónaitheach' i gColáiste na hOllscoile, Gaillimh, le déanaí.

Rugadh agus tógadh Cathal i nGort an Choirce, Contae Dhún na nGall; tháinig sé ar an saol sa bhliain 1956. Cuireadh oideachas air i nGairmscoil Ghort an Choirce agus san Institiúid Náisiúnta Ard-oideachais i Luimneach, mar a ndearna sé staidéar ar an nGaeilge, an Fhraincis, agus an Rúisis. Chaith sé tréimhse leis ag déanamh staidéir ar an léann Ceilteach i Maigh Nuad.

D'fhoilsigh Coiscéim a chéad chnuasach filíochta, *Súile Shuibhne,* sa bhliain

1983; d'fhoilsigh na foilsitheoirí céanna *Suibhne: Rogha Dánta.* Tá roinnt drámaí scríofa aige chomh maith, ina measc *Mairimid leis na Mistéirí* agus *Tá an Tóin ag Titim as an tSaol.*

Sa bhliain 1993 d'fhoilsigh Cló Iar-Chonnachta rogha dánta dá chuid faoin teideal *An Bealach 'na Bhaile.* Ó 1992 go dtí 1995 bhí sé ina scríbhneoir cónaitheach in Ollscoil Uladh, Cúil Raithin, agus in Ollscoil na Ríona, Béal Feirste.

(i)   Cár ainmníodh Cathal Ó Searcaigh mar scríbhneoir cónaitheach?

(ii)   Cár rugadh Cathal Ó Searcaigh?

(iii)   Ainmnigh na hábhair a ndearna sé san Institiúid Náisiúnta Ardoideachais i Luimneach.

(iv)   Cad a bhí ar siúl aige i Maigh Nuad?

(v)   Ainmnigh a chéad chnuasach filíochta.

Ceisteanna breise   (30 marc)

(vi)   Cé na drámaí atá scríofa ag Cathal Ó Searcaigh?

(vii)   Cad a bhí ar siúl aige ó 1992 go 1995?

(viii)   Cén ghairmscoil ar fhreastail sé uirthi?

(ix)   Cathain a foilsíodh *An Bealach 'na Bhaile?*

(x)   Cé a d'fhoilsigh *An Bealach 'na Bhaile?*

9.

(a) Léigh an sliocht seo a leanas agus freagair na ceisteanna a ghabhann leis. (30 marc)

CRAIC NA hAOINE

'Mura bhfuil tú ag éisteacht le "Craic na hAoine" níl aon chiall agat.' Sin é a deir ollamh cáiliúil ar an Ollscoil Chraiceáilte ar an bplainéad Zunc, Zuncadóir Mac Giolla Zunc.

Tá 'Craic na hAoine' ar an gclár is bríomhaire dar craoladh ar aon stáisiún raidió in Éirinn ariamh. (Tá eagarthóir na hirise seo mar láithreoir ar an gclár, rud a fhágann go gcaithfidh mé é a lí san alt seo.) Cloistear léirmheasanna ar na scannáin is deireanaí, na cairteacha, na réaltaí, grúpaí beo sa stiúideo agus ceol breá bríomhar ar an gclár meidhreach seo. Chomh maith lenár n-eagarthóir uasal bíonn craiceálaithe eile—mar Natalie, Bláthnaid Rua Ní Chofaigh (mainicín *Gaspipe*), Sonya Nic Giolla Easpaig, 'Rave On' Réamonn, agus Freddie Fuisce—ag scaoileadh amach a mbobailíní gach Aoine. Mar sin, sula gcasann tú an cnaipe sin ar an teilifíseán éist le 'Craic na hAoine', idir 4:30 agus 6:00 i.n. gach seachtain. Ó, agus bíonn comórtais an-mhaithe acu fosta …

[As *Mahogany Gaspipe.*]

(i) Cén t-ainm atá ar 'an gclár is bríomhaire dar craoladh in Éirinn ariamh'?

(ii) Cé atá mar láithreoir ar an gclár?

(iii) Ainmnigh *trí* rud a chloistear.

(iv) Cén sórt ceoil a bhíonn ar an gclár?

(v) Ainmnigh *beirt* 'chraiceálaithe' a bhíonn ar an gclár.

Ceisteanna breise (30 marc)

(vi) Cé a bhíonn ag 'scaoileadh amach a mbobailíní' gach Aoine?

(vii) Cén t-am a bhíonn 'Craic na hAoine' ar siúl gach seachtain?

(viii) Cén sórt comórtas a bhíonn acu?

(ix) Cad deirtear faoi dhaoine nach bhfuil ag éisteacht le 'Craic na hAoine'?

(x) Cé atá ina chónaí ar an bplainéad Zunc?

10.

SCRÚDÚ AN TEASTAIS SHÓISEARAIGH, 1993

(a) Léigh an sliocht seo a leanas agus freagair na ceisteanna a ghabhann leis.
(30 marc)

An bhanaltra agus an madra

Ó bhí sí an-óg bhí spéis ag Florence Nightingale i gcúrsaí leighis. Bhíodh sí i gcónaí ag súgradh le bábóga—ag ligean uirthi go raibh siad tinn agus ag tabhairt aire dóibh. Thaitin leanaí óga go mór léi freisin, agus bhíodh sí breá sásta agus í ag tabhairt aire dóibh.

Lá amháin bhí Florence amuigh ag marcaíocht ar a capall. Chonaic sí seanfheirmeoir ina shuí ar thaobh an bhóthair agus a mhadra ina luí in aice leis. Bhí brón an domhain ar an seanduine mar bhí cos an mhadra briste. Cheap sé go mbeadh air an madra a chur chun báis. Ach léim Florence anuas dá capall agus tháinig sí i gcabhair air. Chuir sí cleithín agus bindealán ar chos an mhadra, agus níorbh fhada go raibh sé ag rith is ag léimneach timpeall na háite arís.

Nuair a bhí Florence seacht mbliana déag d'aois fuair sí 'glaoch ó Dhia'. Dúirt sí gur labhair Dia léi ar 7 Feabhra 1837. Dúirt Dia léi

go raibh obair speisialta le déanamh aici. Ní raibh tuairim aici cén 'obair speisialta' a bhí i ndán di. Níorbh fhada go ndearna sí dearmad ar fhocail Dé, áfach. Bhí Florence ceithre bliana is fiche faoin am ar thuig sí go raibh sí le bheith ina banaltra.

Cap an t-ainm a bhí ar an madra a shábháil sí an lá sin; agus na blianta ina dhiaidh sin, nuair a bhí Florence Nightingale ina banaltra cháiliúil, bhí an-bhród ar an seanfheirmeoir. Bhíodh sé á rá lena chairde gurbh é Cap a céad othar!

[As *Mná as an nGnáth* le hÁine Ní Ghlinn.]

(i) Ainmnigh caitheamh aimsire a bhí ag Florence nuair a bhí sí óg.

(ii) Cad a chuir brón ar an seanfheirmeoir?

(iii) Tháinig Florence i gcabhair ar an seanfheirmeoir sin. Cad a rinne sí?

(iv) Fuair Florence 'glaoch ó Dhia'. Cad a bhí le rá ag Dia léi, dar léi?

(v) Cén obair a bhí ar siúl ag Florence nuair a d'fhás sí suas?

125

11.

(a) Léigh an sliocht seo a leanas agus freagair na ceisteanna a ghabhann
leis. (30 marc)

Tá a lán rudaí athraithe do na Hothouse Flowers ó thosaigh siad ag seinm seacht mbliana ó shin. Is léir gur aibigh an grúpa go mór ó na laethanta sin nuair a bhí siad ag canadh i Sráid Grafton. Bhlais siad an cháil in Éirinn agus an histéire a tháinig léi, agus anois tá gach rud níos ciúine dóibh.

Rinne Liam Ó Maonlaí, an t-amhránaí, cur síos ar na blianta deireanacha in agallamh le Brídóg Ní Bhuachalla ar 'Cúrsaí'. Bhí siad lán d'áthas agus lán de gach saghas fáis, agus 'tá an-chuid foghlamtha agam fúm féin.' Ag déanamh cur síos ar a thaithí siúd, dúirt Fiachna Ó Braonáin faoin gceist chéanna: 'Go leor ceoil, go leor craic, go leor cairdis, go leor grá, agus go leor buartha.'

Tháinig an tríú ceirnín acu, 'Songs from the Rain', amach i mí an Mhárta, agus an babhta seo tá na hamhráin níos láidre ná riamh agus pléann siad le rudaí uilíocha—mar shampla an timpeallacht, grá, áilleacht an domhain, agus Dia.

Is daoine dílse dáiríre iad na Hothouse Flowers, agus caitheann siad roinnt ama ag cur ceisteanna fiúntacha chun cinn—mar cheist na timpeallachta. Tá an-suim ag Liam i rudaí nádúrtha, agus ghlac sé páirt i gcruinniú mór i Meiriceá a bhí ar siúl an samhradh seo caite le daoine ó thíortha difriúla. Tá cúpla tagairt don chomhthuiscint idir chiníocha ar an gceirnín nua. Tá sé sin léirithe san amhrán 'Spirit of the Land': 'There's a gathering of races and a gathering of souls.'

Níl na Hothouse Flowers ag imeacht

Jackie Ní Laighneáin

Tá na Hothouse Flowers éagsúil le grúpaí eile: cé go bhfuil clú agus cáil orthu, go háirithe in Éirinn, níl dearcadh na réaltaí acu. Déanann siad iarracht í gcónaí caidreamh maith a bhunú leis na daoine a cheannaíonn a gceirníní.

Rud eile atá éagsúil ná go bhfuil siad sásta ceol a sheinm le ceoltóirí eile ó chúlra difriúil. Rinne siad ceirníní leis na Dubliners, Luka Bloom, agus Michelle Shocked. Le déanaí rinne Liam leagan nua den amhrán 'Two Little Boys' le Rolf Harris. Rachaidh an t-airgead ón singil sin chuig carthanas. Is cuid den tionscnamh '1 Day 2 Help 3 Cities 4 Peace' é.

Chaith an grúpa tamall san Afraic tamall ó shin, agus bhuail siad le ceoltóirí Afraiceacha ann. Bhí an grúpa san Astráil le déanaí ag cur 'Songs from the Rain' chun cinn. D'éirigh go hiontach leo ansin leis an gceirnín deireanach, 'Home'. Bhí sé ag uimhir 1 sna cairteacha ar feadh sé seachtaine. Is cosúil go mbeidh an tsuim chéanna sa cheirnín nua.

Tá bliain ghnóthach os comhair na Hothouse Flowers. Beidh siad ag tabhairt ceolchoirme in Éirinn sa samhradh, i mí an Mheithimh b'fhéidir. Gan amhras tiocfaidh na mílte duine chun féachaint orthu, mar tá lucht leanúna dílis acu. Beidh a lán oibre le déanamh acu chun an ceirnín nua a dhíol, ach toisc go bhfuil sé chomh maith sin, éireoidh leo.

[As *Cumarsáid*.]

(i) Cé leis a rinne Liam Ó Maonlaí agallamh ar 'Cúrsaí'?

(ii) Cathain ar thosaigh na Hothouse Flowers ag seinm?

(iii) Cén t-ainm a bhí ar an tríú ceirnín?

(iv) Cén sórt daoine iad na Hothouse Flowers?

(v) Cén chaoi a bhfuil siad éagsúil le grúpaí eile?

Ceisteanna breise (30 marc)

(vi) Ainmnigh ceoltóirí eile a ndearna siad ceirníní leo.

(vii) Cad a rinne Liam Ó Maonlaí i Meiriceá?

(viii) Cá raibh an grúpa ag cur 'Songs from the Rain' chun cinn?

(ix) Cad a tharla dóibh san Afraic?

(x) Cá mbeidh siad ag tabhairt ceolchoirme sa samhradh?

12.

(a) Léigh an sliocht seo a leanas agus freagair na ceisteanna a ghabhann leis. (30 marc)

Athair an rock-cheoil

Liam Ó Maoileoin

Chonaic me Phil Lynott den chéad uair ar 28 Nollaig 1982. Bhí mé dhá bhliain déag d'aois ag an am. Tharla sé go raibh mé féin agus ceithre chéad duine eile sa Savoy an oíche sin chun rí Éireannach an cheoil a fheiceáil agus a chloisteáil—oíche nach ndéanfaidh mé dearmad uirthi go deo.

Rugadh Philip Lynott i gCromghlinn, Baile Átha Cliath, agus mar 'Black Paddy' (cur síos ar ghlac sé féin leis) cheapfá nach mbeadh seans dá laghad ann go n-éireodh leis bheith ar na daoine ba cháiliúla riamh in Éirinn.

Thóg sé a chéad chois-céimeanna beaga le banna ceoil darbh ainm na 'Black Eagles'. Ansin bhuail Lynott le Brian Downey, an té a bhí chun bheith ina dhrumaire ag Thin Lizzy níos déanaí. An bhliain dár gcionn bhí Lynott ag seinm le 'Skid Row'—ceann de na grúpaí ab fhearr i mBaile Átha Cliath ag an am—Brush Shiels agus Gary Moore in éineacht leis. Tar éis 'Skid Row' tháinig 'Orphanage', agus ansin bunaíodh 'Thin Lizzy' sa bhliain 1970. Shínigh siad conradh le comhlacht ceirníní Decca i mí na Samhna den bhliain chéanna agus bhog siad go Londain.

Athair an rock-cheoil in Éirinn ba ea Phil Lynott. Is mór an tionchar a bhí aige ar 'U2' agus na 'Boomtown Rats', mar shampla.

(i) Cathain a chonaic an scríbhneoir Phil Lynott den chéad uair?

(ii) Cén aois a bhí an scríbhneoir ag an am sin?

(iii) Cár rugadh Phil Lynott?

(iv) Ainmnigh an *chéad* bhanna ceoil ina raibh sé.

(v) Cé mhéad duine a bhí sa Savoy chun Phil Lynott a chloisteáil?

Ceisteanna breise (30 marc)

(vi) Cé a bhí ina dhrumaire ag 'Thin Lizzy' níos déanaí?

(vii) Ainmnigh *dhá* ghrúpa a raibh Phil Lynott leo sular imigh sé le 'Thin Lizzy'.

(viii) Ainmnigh *beirt* a bhí in éineacht leis in 'Skid Row'.

(ix) Cén bhliain inar bunaíodh 'Thin Lizzy'?

(x) Cén comhlacht ceirníní ar shínigh Phil Lynott conradh leis?

13.

SCRÚDÚ AN TEASTAIS SHÓISEARAIGH, 1992

(a) Léigh an sliocht seo a leanas agus freagair na ceisteanna a ghabhann leis.

(30 marc)

Fungi— deilf iontach an Daingin	I mí Bealtaine 1994 ní mór an fháilte a bhí ag muintir an Daingin roimh an gcuairteoir neamhchoitianta a bhuail chucu. An lá breá samhraidh sin bhí slua mór ar an trá agus bhí cuid mhaith daoine ag snámh nó ag lapadaíl san uisce.

Tháinig eagla uafásach ar gach aon duine nuair a chonaic siad eite dhubh ag gobadh aníos as an uisce agus í ag déanamh go tapa isteach orthu. Siorc mór millteach ar nós Jaws a bhí chucu, dar leo! Ní nach ionadh, i gceann cúpla soicind ní raibh duine ar bith le feiceáil san uisce.

'Ní bheidh sé sábháilte dul ag snámh!' 'Ní féidir páistí a ligean ar an trá!' Sin iad na rudaí a bhí á rá ag na daoine. Ach nach orthu a bhí an dul amú! Ar ndóigh, níorbh aon siorc fíochmhar a bhí tagtha go Bá an Daingin ach deilf álainn lách.

Is breá leis bheith ag súgradh le snámhóirí nó ag déanamh gleacaíochta timpeall ar na báid a thugann cuairteoirí amach ag féachaint air.

Fungi an t-ainm a thugann muintir na háite ar an deilf, agus ceaptar go bhfuil sé tar éis breis agus 100,000 cuairteoir a mhealladh go dtí an Daingean cheana féin.

Scríobhadh cúpla leabhar agus rinneadh scannán teilifíse faoin deilf cháiliúil. Agus tá cártaí poist, póstaeir agus T-léinte le pictiúr Fungi orthu á ndíol go tiubh i siopaí an Daingin.

Gluais:
deilf: dolphin
gleacaíocht: gymnastics

(i) Cathain a tháinig Fungi go Bá an Daingin ar dtús?

(ii) Céard a rinne na daoine a bhí san uisce nuair a chonaic siad an deilf chucu an lá breá samhraidh úd?

(iii) Cén fáth a raibh muintir an Daingin buartha nuair a tháinig Fungi ar dtús?

(v) Céard a dhéanann Fungi nuair a bhíonn daoine ag snámh in aice leis?

(v) Cén fáth a bhfuil áthas anois ar mhuintir an Daingin gur tháinig Fungi chucu?

14.

SCRÚDÚ AN TEASTAIS SHÓISEARAIGH, 1994

(a) Léigh an sliocht seo a leanas agus freagair na ceisteanna a ghabhann
leis.   (30 marc)

Bram Stoker, 'athair Dracula'

I mBaile Átha Cliath i ndeireadh an chéid seo caite bhíodh fear ag siúl na sráideanna go déanach san oíche. Fear mór ard a bhí ann, clóca dorcha ar a ghuaillí agus hata leathan dubh ar a cheann. Bhí daoine ag ceapadh gur ghealt a bhí san fhear mór ard seo, nó dúnmharfóir nó gadaí, b'fhéidir, a raibh smaoineamh dorcha éigin ar a aigne aige.

Ach ní raibh an ceart ag aon duine acu. Abraham (Bram) Stoker ab ainm don fhear mór ard seo, agus údar ba ea é. Bhí sé ag smaoineamh ar leabhar nua a scríobh: *Dracula*.

Ach cad a chuir scéal Dracula i gcloigeann Bram Stoker i dtosach? Bhí daoine á rá gur ith sé portán agus gur tháinig tromluí air. Ach ba é an rud a tharla ná gur tháinig fear ait chun dinnéir chuige oíche amháin sa bhliain 1890. An tOllamh Vanberry ab ainm dó. Ungárach ba ea é. Bhí fiche teanga ar eolas ag Vanberry, agus bhí scéalta uafásacha aige faoi dhaoine nach bhfuair bás riamh ach a d'fhan beo ar fhuil daoine eile.

Níor mhair Bram chun an clú a bhain *Dracula* amach a fheiceáil; ach bhí an-tóir ar an dráma a rinneadh as níos déanaí. Bhíodh ar na hamharclanna banaltraí a chur ar fáil nuair a bhíodh *Dracula* á léiriú mar bhíodh an oiread daoine ag titim i lagar i rith an dráma. Agus ó shin i leith tá na milliúin duine á scanrú ag Bram Stoker, an buachaill scáfar úd as Cluain Tarbh i mBaile Átha Cliath, nó ag an vaimpír bhradach a chruthaigh sé, Dracula.

[As *Zozimus agus a Chairde* le Vivian Uíbh Eachach.]

Gluais:
gealt: a person who is insane
tromluí: nightmare
Ungárach: Hungarian

(i) Cén uair a bhíodh an 'fear mór ard' seo ag siúl na sráideanna?
(ii) Cén chaoi a raibh an fear mór seo gléasta?
(iii) Cad a bhí i gceist ag Bram Stoker a dhéanamh ag an am sin?
(iv) Cad a chuir scéal Dracula i gcloigeann Bram Stoker, an dóigh leat?
(v) Cén fáth ar chuir na hamharclanna banaltraí ar fáil nuair a bhíodh
Dracula á léiriú acu?

15.

(a) Léigh an sliocht seo a leanas agus freagair na ceisteanna a ghabhann leis. (30 marc)

Teilifís na Gaeilge— cainéal úr teilifíse

Cuirfear tús le craoladh Theilifís na Gaeilge Oíche Shamhna 1996. Seirbhís náisiúnta Gaeilge a bheas inti, seirbhís trí uair an chloig sa ló mar thús. Beidh príomhoifigí agus stiúideonna Theilifís na Gaeilge i mBaile na hAbhann i nGaeltacht Chonamara.

Beidh sceideal leathan ag Teilifís na Gaeilge: drámaíocht, spórt, ceol, cúrsaí reatha, cláir don óige, agus an sraithscéal 'Ros na Rún', a chraolfar ceithre oíche sa tseachtain. Beidh seirbhís nuachta náisiúnta agus réigiúnach dá cuid féin ag Teilifís na Gaeilge ón seomra nuachta i mBaile na hAbhann agus ó thuairisceoirí ar fud na tíre.

Tá dianullmhúchán ar bun faoi láthair do thús craolta Teilifís na Gaeilge.

Chomh maith le tógáil na n-oifigí agus na stiúideonna tá cláir nua coimisiúnaithe agus á léiriú ag léiritheoirí neamhspleácha ar fud na tíre. Tá cartúin agus cláir eile á gceannach ón iasacht agus á n-athghuthú i nGaeilge.

Tá Teilifís na Gaeilge i mbun tograí oiliúna agus forbartha chun léiritheoirí agus foireann léirithe nua a oiliúint.

Proinsias Ní Ghráinne
Oifigeach óige
Theilifís na Gaeilge

Gluais:
sraithscéal: a serial

(i) Cathain a chuirfear tús le craoladh Theilifís na Gaeilge?
(ii) Cé mhéad uair an chloig sa ló a bheas sé ag craoladh mar thús?
(iii) Cá mbeidh príomhoifig Theilifís na Gaeilge?
(iv) Cén sraithscéal a bheas ar Theilifís na Gaeilge?
(v) Ainmnigh *dhá* shaghas clár a bheas acu seachas 'Ros na Rún'.

Ceisteanna breise (30 marc)
(vi) Ainmnigh oifigeach óige Theilifís na Gaeilge.
(vii) Cén sórt seirbhíse nuachta a bheas acu?
(viii) Cá bhfaighidh Teilifís na Gaeilge cartúin agus cláir áirithe eile?
(ix) Cad tá coimisiúnaithe acu?
(x) Cé mhéad oíche sa tseachtain a chraolfar 'Ros na Rún'?

16.

SCRÚDÚ AN TEASTAIS SHÓISEARAIGH, 1995

(a) Léigh an sliocht seo a leanas agus freagair na ceisteanna a ghabhann
leis. (30 marc)

Jack Charlton: cén sórt duine é?

Nuair a rugadh Jack Charlton in Ashington, Northumberland, ar 8 Bealtaine 1935, bhí an saol an-chrua ar fad. Mianadóir ba ea a athair, Bob, a d'oibrigh ó mhaidin go hoíche chun bia a chur ar fáil dá bhean, Cissie, agus dá gclann.

Nuair a d'fhág Jack an scoil agus é cúig bliana déag d'aois, thosaigh sé féin ag obair thíos sa mhianach ag greamú ticéad de vaigíní guail. Trí phunt in aghaidh na seachtaine an pá a bhíodh á fháil aige.

Ina dhiaidh sin d'imigh sé chuig Leeds United mar phrintíseach. Ba é an obair a bhí le déanamh aige ansin ná na leithris a ghlanadh agus buataisí na bpeileadóirí eile a shnasú!

Nuair a fuair Jack a sheans leis an bpríomhfhoireann a bhí ag Leeds United, d'éirigh thar cionn leis. Chomh maith le raidhse mhór bonn a bhuachan le Leeds, bhí Jack ar an bhfoireann a bhuaigh Corn an Domhain do Shasana sa bhliain 1966. Bhí a cheartháir, Bobby, ar an bhfoireann chéanna. Ansin, sa bhliain 1967, ainmníodh Jack mar Pheileadóir na Bliana. Ach níor tháinig éirí in airde riamh air.

[As *Mahogany Gaspipe.*]

Gluais:
mianach: mine
printíseach: apprentice
éirí in airde: vanity

(i) Cén lá breithe atá ag Jack Charlton?
(ii) Cén post a bhí ag a athair?
(iii) Cad a rinne Jack nuair a bhí sé cúig bliana déag d'aois?
(iv) Cén obair a bhíodh le déanamh aige agus é ina phrintíseach le Leeds United?
(v) Cad nár tháinig ar Jack Charlton riamh?

17.

(a) Léigh an sliocht seo a leanas agus freagair na ceisteanna a ghabhann leis. (30 marc)

Tús maith eile!

Tá 'Start Me Up' ar siúl gach Déardaoin ar RTE1 le roinnt seachtainí anois, agus gach dealramh air go bhfuil ag éirí lena bhuntéama: gur féidir le daoine gan mórán acmhainní tionscnamh gnó a bhunú agus a choimeád sa tsiúl ach go mbeidís buanseasmhach ina bhun thar suim blianta.

Foireann óg curtha i láthair atá ar an gclár, arb é an aghaidh is aithnidiúla orthu gan amhras ná Niall Quinn. Rud nach eol do mhórán daoine ná gur imir curadh mór seo an tsacair d'fhoireann Bhaile Átha Cliath—ar na mionúir, murab ionann agus Kevin Moran, a bhfuil boinn sinsir aige—agus, lena chois sin, go bhfuil labhairt na Gaeilge aige agus gan aon leisce air í a úsáid. Ba é an bua ar fad le linn 'blianta na glóire' ag foirne Jack Charlton bheith ag féachaint air agus 'Amhrán na bhFiann' á chanadh aige. Ar ndóigh, ní féidir na buachaillí a tógadh thall i Sasana a lochtú faoi nach féidir leo é a chanadh—ach b'fhéidir go dtiocfaí ar bhainisteoir le Gaeilge amach anseo (Packie Bonner?) a bhainfeadh triail as é a mhúineadh dóibh!

(i) Cathain a bhíonn 'Start Me Up' ar RTE1?

(ii) Ainmnigh duine *amháin* atá ar an bhfoireann curtha i láthair atá ag an gclár.

(iii) Cé leis ar imir Niall Quinn ar na mionúir?

(iv) Cé aige a bhfuil boinn sinsir?

(v) Cad a bhíodh á chanadh ag Niall Quinn?

18.

(a) Léigh an sliocht seo a leanas agus freagair na ceisteanna a ghabhann leis.

(30 marc)

Craic na Samhna

Níl liosta iomlán na ngrúpaí do Chraic na Samhna '94 i Ráth Cairn, Contae na Mí, socraithe go fóill, ach is féidir linn a rá go mbeidh Kíla, Bréag, an Scadán Rua agus Hyperboria ag seinm ag an bhféile. D'éirigh go han-mhaith le féile na bliana seo caite, nuair a tháinig slua ollmhór chun éisteacht le sárghrúpaí rock agus traidisiúnta. Beidh Kíla ag scaoileadh a gceoil rock Afra-Cheiltigh anamúil amach le linn na féile ar an deireadh seachtaine deireanach de mhí na Samhna.

Preabfaidh an urlár le rave-cheol Gaelach Hyperboria, agus cuirfidh Scadán Rua gach duine ag rince go maidin le scoth an cheoil traidisiúnta. Beidh Bréag, an grúpa rock-reggae as Béal Feirste, ar ais i mbliana tar éis dóibh lucht leanúna an-mhór a mhealladh anuraidh. Tá cainteanna ar siúl go fóill le daoine eile, mar Nine Wassies from Bainne, John Spillane, agus na Fíréin.

Geallann lucht a heagraithe go mbeidh féile na bliana seo níos mó agus níor fearr ná féile na bliana seo caite. Beidh tuilleadh eolais faoin bhféile agus faoi na grúpaí eile a bheas ag seinm á fhógairt ar 'Cois Life' (Raidió na Gaeltachta) agus ar Raidió na Life taobh istigh de chúpla seachtain. Má tá tú féin os cionn seacht mbliana déag beidh fáilte romhat ag an bhféile, a bheas ar siúl ar 25–27 Samhain. Murar féidir leat dul ann, abair le do dhearbháireacha agus deirfiúracha móra.

Beidh baill cheithre chraobh an Chiorcail Chraiceáilte—Baile Átha Cliath, Gaillimh, Béal Feirste, agus Toraigh—ag teacht ina gcéadta chuig an bhféile, chomh maith le daoine as Corcaigh, Cúil Raithin, Conamara, Tír Chonaill, Ciarraí, agus go leor áiteanna eile. Tuilleadh eolais ó Rónán ag an uimhir (01) 7642033.

[As *Mahogany Gaspipe*.]

Gluais:
a mhealladh: to attract

(i) Cá mbeidh 'Craic na Samhna' ar siúl?
(ii) Conas ar éirigh le féile na bliana seo caite?
(iii) Ainmnigh *dhá* ghrúpa a bheas ag seinm.
(iv) Cá mbeidh tuilleadh eolais faoin bhféile le fáil?
(v) Cén uimhir theileafóin atá ag Rónán?

Ceisteanna breise (30 marc)
(vi) Cathain a bheas an fhéile ar siúl?
(vii) Cé mhéad craobh den 'Chiorcal Craiceáilte' a bheas ann?
(viii) Cad a gheallann lucht eagraithe na féile?
(ix) Cathain a bheas Kíla ag seinm?
(x) Cé leis a bhfuil cainteanna ar siúl go fóill?

19.

(a) Léigh an sliocht seo a leanas agus freagair na ceisteanna a ghabhann leis. (30 marc)

Ealaín Chill Chainnigh ar taispeáint i Londain
le Peadar Bairéid

Chuir píosa a léigh mé an tseachtain seo ar an *Kilkenny People* an-áthas orm: píosa a chuir síos ar thaispeántas ealaíne a bheas sa tsiúl idir seo agus Deireadh Fómhair na bliana seo i Londain ina mbeidh pictiúir leis an bpéintéir cáiliúil Ramie Leahy ar taispeáint.

Tuige ar chuir a leithéid an oiread sin áthais orm? a déarfá, b'fhéidir.

Bhuel, bhí an Ramie Leahy céanna mar dhalta agam i gColáiste Chiaráin anseo i gCill Chainnigh breis agus scór bliain ó shin, agus fiú an t-am sin bhí an-spéis go deo aige sa phéintéireacht; agus nach iomaí uair a bhíodh pictiúr dá chuid suite ar mhatal an tseomra ranga aige agus mise ar mo shlí isteach le píosa Gaeilge a mhúineadh dó féin agus dá chomrádaithe.

Minic freisin a chaithimis tamall ag cur síos ar an bpictiúr áirithe a bheadh ar taispeáint aige an lá áirithe sin. Is dócha go bhféadfá a rá go raibh níos mó spéise aige sa phéintéireacht ná mar a bhí aige sa rang Gaeilge!

Bhuel, d'imigh sin agus tháinig seo, agus idir an dá linn tá cáil agus clú bainte amach ag Ramie. Rinne sé cúrsa staidéir i mBaile Átha Cliath agus i bhFirenze na hIodáile, áit a raibh ardmheas air, agus ba ghearr go raibh cuid mhaith den saol mór siúlta aige, ag péintéireacht agus ag taispeáint toradh a shaothair dóibh siúd ar spéis leo a leithéid.

Ón mbliain 1971 i leith tá taispeántais curtha sa tsiúl aige in Éirinn, san Iodáil, san Eilvéis, sna Stáit Aontaithe, agus i gCeanada.

Cuireann sé faoi fós i ndúiche ársa Osraí, nó is duine é atá thar a bheith bródúil as a dhúiche agus as a mhuintir.

Níl le déanamh agamsa anois ach ádh mór a ghuí air féin agus ar a chuid oibre sna blianta atá romhainn. Nár laga an Rí a lámh; go mbeidh áilleacht an tsaoil mhóir diúgtha agus curtha ar chanbhás aige.

Gluais:
taispeántas: exhibition

(i) Cár léigh an scríbhneoir píosa faoi thaispeántas ealaíne?
(ii) Cá mbeidh an taispeántas ar siúl?
(iii) Cathain a bheas an taispeántas ar siúl?
(iv) Cá raibh Ramie Leahy mar dhalta scoile ag an scríbhneoir?
(v) Cá bhfuil Ramie Leahy ina chónaí?

Ceisteanna breise (30 marc)
(vi) Ainmnigh *dhá* áit a ndearna Ramie staidéar iontu.
(vii) Cén fáth a raibh áthas ar an scríbhneoir?
(viii) Cad as atá Ramie Leahy bródúil?
(ix) Ainmnigh *dhá* áit a bhfuil taispeántais curtha ar siúl aige.
(x) Cé mhéad bliain ó shin a raibh sé i gColáiste Chiaráin?

20.

(a) Léigh an sliocht seo a leanas agus freagair na ceisteanna a ghabhann leis. (30 marc)

François Mitterand

Tá François Mitterand, iar-uachtarán na Fraince agus duine de mhórpholaiteoirí na hEorpa, tar éis bás a fháil.

Rugadh Mitterand i Jarnac in oirdheisceart na Fraince ar 26 Deireadh Fómhair 1916. Bhain sé céim amach sa dlí in Ollscoil Pháras sna tríochaidí. Chaith sé tréimhse le linn an chogaidh ag obair do rialtas Vichy, an rialtas a raibh tacaíocht na Gearmáine aige, cé nár labhair sé riamh faoin gcuid chonspóideach sin dá shaol go dtí le gairid.

Tar éis an chogaidh rinne sé tuilleadh dul chun cinn sa pholaitíocht, agus bhí sé ina aire ar ranna éagsúla rialtais deich n-uaire. Ghlac sé páirt i dtoghcháin uachtaránachta na Fraince ón mbliain 1965 i leith, ach níor éirigh leis an bua a fháil go dtí 1981. Thaispeáin sé tuiscint agus bá d'Éirinn i gcónaí.

Chaith sé dhá théarma mar uachtarán na Fraince, go dtí mí na Bealtaine 1995, cé go raibh ailse ag cur isteach air sna blianta deireanacha.

Bhí sé pósta ar Danielle Gouze ar feadh breis is caoga bliain, agus tá beirt mhac acu.

Gluais:
tuilleadh: more
ailse: cancer

(i) Cé a fuair bás?

(ii) Cár rugadh François Mitterand?

(iii) Cathain a d'fhreastail sé ar Ollscoil Pháras?

(iv) Cad a rinne sé tar éis an chogaidh?

(v) Cé mhéad téarma a chaith sé mar uachtarán na Fraince?

Ceisteanna breise (30 marc)

(vi) Cathain ar éirigh leis an bua a fháil i dtoghcháin uachtaránachta na Fraince?

135

(vii) Cad a bhí ag cur isteach air sna blianta deireanacha?

(viii) Cé leis a raibh sé pósta?

(ix) Cén rialtas a raibh sé ag obair leis le linn an chogaidh?

(x) Cá fhad a bhí sé pósta?

21.

(a) Léigh an sliocht seo a leanas agus freagair na ceisteanna a ghabhann
leis. (30 marc)

Foilsitheoireacht na Gaeilge á plé

Tá alt ar eagrán Aibreáin de Books Ireland *faoin teideal* 'Irish-speakers read more books—in English'.

Lasmuigh den chóras scolaíochta meastar nach bhfuil ach 5 faoin gcéad den daonra ar léitheoirí Gaeilge iad. Deir Diarmaid Ó Cathasaigh ón ngníomhaireacht dáileacháin ÁIS gur fearr le muintir na Gaeltachta Béarla a léamh ná Gaeilge. Sa suirbhé a rinne Fishwick (1987) ar nósanna léitheoireachta na hÉireann dúradh gurb iad na Gaeilgeoirí is mó a bhíonn ag léamh—ach gur leabhair Bhéarla a bhíonn á léamh acu!

De réir an ailt seo níl ach 150,000 duine sa tír a bhfuil labhairt agus léamh na Gaeilge acu. Is beag an margadh é.

Deir Micheál Ó Conghaile go bhfuil Cló Iar-Chonnachta tar éis cinneadh a ghlacadh líon na leabhar a fhoilsíonn siad in aghaidh na bliana a laghdú agus feabhas a chur ar ghnéithe eile den fhoilsitheoireacht: an eagarthóireacht, an dearadh, agus an mhargaíocht.

Is dóigh le Diarmaid Ó Cathasaigh go bhfuil gá le ciorcail léitheoireachta a bhunú ar fud na tíre. Síleann Pádraig Ó Snodaigh ón gomhlacht foilsitheoireachta Coiscéim go mb'fhiú do ÁIS "siopa leabhar a bheith ar an mbóthar acu—saghas bus leabhar—agus gur chóir don bhus stopadh i gceantair nach bhfuil siopaí leabhar ar bith acu, an Ghaeltacht san áireamh."

Gluais:

córas: system

gníomhaireacht: agency

dáileachán: distribution

(i) Cén t-alt atá i gceist?

(ii) Cén chuid den daonra ar léitheoirí Gaeilge iad, lasmuigh den chóras scolaíochta?

(iii) Cé a rinne suirbhé sa bhliain 1987?

(iv) Cé mhéad duine a bhfuil labhairt agus léamh na Gaeilge acu, de réir an ailt?

(v) Cad a bhí le rá ag Micheál Ó Conghaile?

Ceisteanna breise (30 marc)

(vi) Cad a bhí le rá ag Diarmaid Ó Cathasaigh faoi mhuintir na Gaeltachta?

(vii) Cad a cheapann Pádraig Ó Snodaigh?

(viii) Cad a bhíonn á léamh ag na Gaeilgeoirí?

(ix) Cad leis a bhfuil gá, de réir Dhiarmada Uí Chathasaigh?

(x) Cad a rinneadh sa bhliain 1987?

22.

SCRÚDÚ AN TEASTAIS SHÓISEARAIGH, 1993

(a) Léigh an sliocht seo a leanas agus freagair na ceisteanna a ghabhann leis.

(30 marc)

Niall Quinn—'Dub' dainséarach!

An cuimhin libh an cúl a scóráil Niall Quinn i gcoinne Shasana mí an Mhárta seo caite? Bhí Éire cúl chun deiridh nuair a chuir Paul McGrath an liathróid trasna na páirce agus isteach i mbosca na Sasanach. Shleamhnaigh Niall go deas ciúin idir Tony Adams agus Mark Wright; fuair sé an liathróid agus chuir sé isteach sa líon í gan stró!

An mhí ina dhiaidh sin bhí Manchester City ag imirt i gcoinne Crystal Palace i Selhurst Park. Bhuaigh Quinn an cluiche do City nuair a scóráil sé trí chúl iontacha. Chinntigh an dá chluiche sin cáil Quinn mar dhuine de na tosaithe is dainséaraí san Eoraip faoi láthair.

Sa bhliain 1984, tar éis dó an Ardteist a dhéanamh i Scoil na mBráithre i gCaisleán Dhroimeanaigh, Baile Átha Cliath (an scoil chéanna ar fhreastail Kevin Moran uirthi), d'imigh Niall go Sasana le sacar a imirt go lánaimseartha. Chonaic Howard Kendall an dul chun cinn a bhí á dhéanamh aige agus chaith sé £700,000 ag iarraidh é a mhealladh go Manchester City i mí Feabhra 1990.

Ach ní hamháin gur laoch sacair é. Sular imigh sé go Sasana d'imir Niall do Bhaile Átha Cliath (mionúir) i gcoinne na Gaillimhe i gCraobh na hÉireann san iománaíocht. D'imir sé peil Ghaelach freisin. Agus d'iarr foireann Astrálach—na Sydney Swans—air peil Astrálach a imirt go gairmiúil ansin. Nach orainne atá an t-ádh nár ghlac sé leis an gcuireadh sin!

[As *Mahogany Gaspipe*.]

(i) Cén dá fhoireann a bhí ag imirt in aghaidh a chéile mí an Mhárta seo caite?

(ii) Cé mhéad cúl a fuair Niall sa chluiche i Selhurst Park?

(iii) Cén chaoi a bhfuil a fhios againn go raibh meas mór ag Howard Kendall ar Niall sa bhliain 1990?

(iv) Ainmnigh *dhá* spórt eile (seachas sacar) a d'imir Niall sular imigh sé go Sasana.

(v) Cén cuireadh a thug na Sydney Swans do Niall?

23.

(a) Léigh an sliocht seo a leanas agus freagair na ceisteanna a ghabhann leis.　　　　　　　　　　　　　　　　　　　　　　　　(30 marc)

Big Mac—ach beagmheas

Ní bheidh fáilte uilíoch roimh an Big Mac san India. Is masla í samhail seo na nua-aoise don tromlach Hiondúch ann mar gur ainmhí beannaithe í an bhó dóibh.

Mar sin féin, thug an rialtas cead do chomhlacht McDonald's bialann a oscailt i nDelhi, beag beann ar an gcreideamh Hiondúch. Dar le bunreacht na hIndia is tír iolraíoch neamh-chléireach í. Deir lucht cáinte an bhunreachta go bhfuil páirtí an rialtais ag iarraidh vótaí an mhionlaigh Ioslamaigh a mhealladh. Tá agóidí móra ar na sráideanna á bpleanáil ag an bhfreasúra má bheartaíonn muintir McDonald ar an mbialann a oscailt.

Tá fadhb eile fós i nDelhi mar thoradh ar gheis seo na Hiondúch. Tá bóithre na príomhchathrach beo le beithígh agus toirmeasc ar dhaoine an ruaig a chur orthu. Luíonn siad amuigh ar na príomhbhóithre, agus is cúis mhór timpistí iad. Itheann siad torthaí agus glasraí ó na stainníní, ach tá drogall ar na díoltóirí sráide iad a dhíbirt.

Déantar iarracht ar na beithígh a locadh i ndeireadh na hoíche agus iad a athlonnú taobh amuigh den chathair. Is iondúil, áfach, go n-éiríonn leo a mbealach a dhéanamh ar ais.

Gluais:
uilíoch: universal
beagmheas: little respect
tromlach: majority
geis: taboo
toirmeasc: prohibition

(i) Cén áit nach mbeidh fáilte ann roimh bhialann McDonald?
(ii) Cén cead a thug an rialtas do mhuintir McDonald?
(iii) Cén ainmhí atá beannaithe dar leis an tromlach Hiondúch?
(iv) Cad a dhéanfaidh an freasúra má bheartaíonn muintir McDonald ar an mbialann a oscailt?
(v) Cén fhadhb eile atá acu i nDelhi?

24.

(a) Léigh an sliocht seo a leanas agus freagair na ceisteanna a ghabhann leis.

(30 marc)

Scéalta gallúnaí

Tá albam nua Danni Minogue, 'Get Into You', ag déanamh go maith sna cairteacha. Beidh a deirfiúr mór, iar-réalta 'Neighbours', Kylie, ag cur albam nua amach mí an Mhárta. Sin a dúirt sí liom nuair a chas mé léi i bPlanet Hollywood i Londain le déanaí. Ó, a Dhia, sábháil mé ó na réaltaí seo a bhíonn do mo leanúint de shíor!

Deir mo chairde ar 'Home and Away' san Astráil liom go mbeidh an fear óg dathúil sin Andrew Hill ag filleadh ar an tsraith taobh istigh de chúpla mí. Tá Andrew ag siúl amach le Tina Thomson, atá i bpáirt Fin sa sraithscéal cáiliúil teilifíse. Anois, an bhfuil díomá oraibh, a chailíní?

Agus tá 'Neighbours' ag iarraidh cuma níos óige a chur ar an tsraith trí aisteoirí óga a thabhairt isteach. Tá triúr pearsana nua ar 'Neighbours' anois. Is é Peta Brady atá i bpáirt Cody Willis, atá ar ais san Astráil tar éis dhá bhliain a chaitheamh thar sáile. Tá Brett Blewitt agus Eliza Szonzert mar chuid de mhuintir Stuart, atá ag bogadh isteach i Sráid Ramsay. Tá na haisteoirí nua seo faoi ocht mbliana déag d'aois.

[As *Mahogany Gaspipe*.]

Gluais:
sraithscéal: serial

(i) Ainmnigh albam nua Danni Minogue.
(ii) Conas atá sé ag déanamh sna cairteacha?
(iii) Cén t-ainm atá ar dheirfiúr Danni?
(iv) Cé a bheas ag filleadh ar 'Home and Away' taobh istigh de chúpla mí?
(v) Cé atá i bpáirt Cody Willis sa chlár 'Neighbours'?

Ceisteanna breise (30 marc)

(vi) Cé leis a bhfuil Andrew Hill ag súil amach sa sraithscéal 'Home and Away'?
(vii) Cár chas an scríbhneoir le Danni Minogue?
(viii) Cé atá ag bogadh isteach i Sráid Ramsey?
(ix) Cén aois iad na haisteoirí nua in 'Neighbours'?
(x) Cé mhéad pearsa nua atá sa sraithscéal 'Neighbours'?

25.

SCRÚDÚ AN TEASTAIS SHÓISEARAIGH, 1992

(a) Léigh an sliocht seo a leanas agus freagair na ceisteanna a ghabhann leis. (30 marc)

Leonardo agus na héin

Péintéir iontach ba ea Leonardo da Vinci. Ní hamháin sin ach bhí sé oilte ar mhatamaitic, ar eolaíocht agus ar innealtóireacht chomh maith. Mhair sé san Iodáil sa chúigiú haois déag. Is beag duine i stair an domhain a bhí chomh cumasach leis.

Nuair a bhí sé fós óg rinne Leonardo péintéireacht do dhuine saibhir, agus tugadh dornán maith airgid dó mar luach saothair. Ghlaoigh sé ar chara leis láithreach, agus as go brách leo beirt chun an mhargaidh. Is ansin a chonaic sé rud a chuir fearg air: éin bheaga istigh i gcliabháin. Bhí na rudaí beaga go hainnis agus iad ag greadadh a sciathán ag iarraidh éalú. Fear mór láidir ba ea Leonardo—bhí sé in ann crú capaill a lúbadh idir lámha féitheacha. Ach ba dhuine cneasta séimh é freisin, agus cion aige ar gach créatúr dár chruthaigh Dia.

Mheas cara Leonardo go gceannódh sé milseáin nó torthaí leis an airgead, ach bhí dul amú air. Is é a cheannaigh sé ná oiread agus ab fhéidir leis de na héin bheaga. Thug sé leis iad suas go barr cnoic, d'oscail na cliabháin, agus lig saor na créatúir bhochta.

Rinne Leonardo staidéar cruinn ina dhiaidh sin ar eitilt na n-éan, agus bhí sé cinnte go mbeadh an duine in ann eitilt lá éigin. B'shin cúig chéad bliain ó shin!

[As *Tír na nÓg.*]

Gluais:
oilte ar: skilled in
féitheach: muscular

(i) Luaitear trí ábhar scoile sa chéad alt. Ainmnigh *dhá cheann* díobh.
(ii) Cad a tháinig ar Leonardo nuair a chonaic sé na héin i dtosach?
(iii) Bhí Leonardo an-láidir. Cad tá sa sliocht faoi sin?
(iv) Céard a rinne sé leis na héin ag barr an chnoic?
(v) Cheap Leonardo go mbeadh an duine in ann rud iontach a dhéanamh lá éigin. Cén rud é sin?

26.

(a) Léigh an sliocht seo a leanas agus freagair na ceisteanna a ghabhann leis.

(30 marc)

Deiseanna do dhaoine óga

Tá Teilifís na Gaeilge ag athrú an tsaoil do dhaoine óga áirithe sa Ghaeltacht cheana féin! Na comhlachtaí nua físeán atá ag fás go fras thiar is cúis leis sin.

Ceann de na comhlachtaí sin Hofnaflús Tta ar an eastát tionsclaíochta i gCasla—an áit a bhfuil prímhoifig Raidió na Gaeltachta i gContae na Gaillimhe.

Seisear óg bríomhar atá ar an bhfoireann ansin, ag déanamh clár cartúin agus faisnéise. Úsáideann siad na modhanna táirgthe is nua-aimseartha, agus tá tacaíocht tugtha don fhiontar ag Údarás na Gaeltacha.

Tá sraith sé chlár is fiche, 'Scéal Dhá Chistin', á réiteach acu faoi láthair. Mairfidh gach clár cúig róiméad, iad le craoladh i nGaeilge abhus agus leaganacha i dteangacha eile le dul thar lear.

Tá cláir fhaisnéise idir lámha acu faoi láthair freisin, cláir ar nós 'Leitir Fraic', a craoladh mar chuid de Theilifís Pobail ar RTE i mí Iúil seo caite. Is léir go bhfuil raidhse cruthaitheachta san fhoireann agus flosc chun oibre orthu, agus tá an t-atmaisféar a ghineann fiontair nua le brath sa stiúideo agus sna hoifigí.

Gluais:
áirithe: various
clár faisnéise: documentary (programme)
flosc: desire

(i) Cad tá á dhéanamh ag Teilifís na Gaeilge do dhaoine óga?
(ii) Cá bhfuil Hofnaflús Tta suite?
(iii) Cé mhéad atá ar an bhfoireann ansin?
(iv) Cén obair atá ar siúl acu?
(v) Cén sórt modhanna a mbaineann siad úsáid as?

Ceisteanna breise (30 marc)
(vi) Cé mhéad clár atá á réiteach acu sa tsraith 'Scéal Dhá Chistin'?
(vii) Cá fhad a mhairfidh gach clár?
(viii) Ainmnigh clár faisnéise atá idir lámha acu.
(ix) Cá bhfuil Raidió na Gaeltachta lonnaithe?
(x) Cén t-atmaisféar atá le brath sa stiúideo?

27.

(a) Léigh an sliocht seo a leanas agus freagair na ceisteanna a ghabhann leis. (30 marc)

Ranganna sean-nóis cois Life

Eagrófar ranganna sean-nóis do dhaoine fásta sa phríomhchathair 25–27 Márta faoin teideal 'Sean-Nós Cois Life'. Josie Sheáin Jeaic Mac Donncha agus Sorcha Uí Chonghaile as Conamara, Áine Ní Laoithe as Corca Dhuibhne, Lillis Ó Laoire as Tír Chonaill agus Rachel Ní Riada as Cúil Aodha na teagascóirí.

Soláthróidh na teagascóirí caiséid dá gcuid amhránaíochta féin le go bhféadfaidh an t-aos foghlamtha eolas a chur ar na hamhráin a mhúinfear le linn an chúrsa.

Taobh amuigh de na ranganna cuirfear seisiúin amhránaíochta, cheoil agus scéalaíochta ar siúl arís i mbliana in ionaid éagsúla sa chathair. Is iad na haíonna speisialta a bhfuil cuireadh tugtha dóibh Eibhlín Ní Chearnaigh agus Páidí Mhártain Mac Gearailt (amhránaithe) as Corca Dhuibhne, Seán Mac Craith (amhránaí) as an Rinn, agus Johnny Connolly (ceoltóir) agus Éamonn Ó Conghaile (scéalaí) as Conamara.

In Áras Chumann na bPíobairí, 15 Sráid Henrietta, a bheas na ranganna ar bun. £15 an táille, agus ní mór áit a chur in áirithe ar an gcúrsa roimh ré. Glaoitear ar Phádraig Ó Cearbhaill ag an uimhir (01) 2804023 tar éis a sé a chlog tráthnóna nó ar Antaine Ó Faracháin ag an uimhir (01) 4538192 um thráthnóna.

Gluais:
teagascóirí: teachers, trainers

(i) Cathain a bheas na ranganna ar siúl?
(ii) Ainmnigh *triúr* de na teagascóirí.
(iii) Cad a bheas ar siúl taobh amuigh de na ranganna?
(iv) Cá mbeidh na ranganna seo ar siúl?
(v) Cén táille a bheas ar na ranganna?

Ceisteanna breise (30 marc)
(vi) Cén teideal a bheas ar na ranganna sean-nóis?
(vii) Cén rud a sholathróidh na teagascóirí?
(viii) Ainmnigh *beirt* de na haíonna a bhfuil cuireadh tugtha dóibh.
(ix) Cén uimhir theileafóin atá ag Pádraig Ó Cearbhaill?
(x) Carb as Seán Mac Craith?

142

28.

(a) Léigh an sliocht seo a leanas agus freagair na ceisteanna a ghabhann leis.

(30 marc)

Eachtrannaigh le Gaeilge cois Laoi
le Séamas Ó Murchú

Tá méadú ollmhór le blianta anuas ar líon na n-eachtrannach a dhéanann cúrsaí Gaeilge le linn dóibh bheith ag freastal ar Choláiste na hOllscoile, Corcaigh.

I mbliana tá 160 eachtrannach ag dul don chúrsa le haghaidh glan-tosaitheoirí sa Ghaeilge, i gcomparáid le dháréag sa bhliain 1986/87.

Mar chomhartha ómóis don spéis a léiríonn siad sa Ghaeilge thug ardmhéara Chorcaí, an Comhairleoir Joe O'Callaghan, cuireadh do na mic léinn teacht ar cuairt chuige Déardaoin seo caite in oifig an ardmhéara.

Tagann na mic léinn ó gach cearn den domhan: Ceanada, na Stáit Aontaithe, an Ghearmáin, an Ísiltír, an Bheilg, an Fhrainc, an Spáinn, agus an Iodáil, gan ach cuid acu a lua. D'fhreastail an ceathrar atá ag múineadh ar an gcúrsa—Marian Ní Shúilleabháin, Clár Ní Mhuirthile, Alan Ó hEochaidh, agus Pól Ruiséil (stiúrthóir an chúrsa)—ar an ócáid chomh maith.

[As *Anois.*]

Gluais:
eachtrannaigh: foreigners

(i) Cén méadú mór atá tagtha le blianta anuas?
(ii) Cé mhéad eachtrannach atá ag dul don chúrsa i mbliana?
(iii) Cén sórt cúrsa atá i gceist?
(iv) Cén cuireadh a thug ardmhéara Chorcaí dóibh?
(v) Ainmnigh *trí* thír as a dtagann na mic léinn.

Ceisteanna breise (30 marc)
(vi) Cé mhéad eachtrannach a bhí ag dul don chúrsa sa bhliain 1986/87?
(vii) Cén coláiste a bhfuil na mic léinn ag freastal ar?
(viii) Ainmnigh *beirt* atá ag múineadh ar an gcúrsa.
(ix) Ainmnigh stiúrthóir an chúrsa.
(x) Ainmnigh ardmhéara Chorcaí.

29.

SCRÚDÚ AN TEASTAIS SHÓISEARAIGH, 1992

(a) Léigh an sliocht seo a leanas agus freagair na ceisteanna a ghabhann leis. (30 marc)

BEAN INA RÉITEOIR RUGBAÍ!

Tá Bridget Gee ina cónaí sa Nua-Shéalainn. Ní raibh suim dá laghad aici uair amháin i gcúrsaí spóirt: b'fhearr léi leabhar a léamh ná dul chuig cluiche rugbaí, faoi mar a dhéanadh a cairde go léir, idir bhuachaillí agus chailíní.

Ach ansin, lá amháin trí bliana ó shin agus í ar cuairt i dteach a carad, bhí muintir an tí go léir ag féachaint ar chluiche rugbaí ar an teilifís. Bhí an fhoireann cháiliúil sin na All-Blacks ag imirt an lá céanna. Níorbh iad na himreoirí, áfach, ba spéis le Bridget ach an réiteoir. Ní raibh a ghnó á dhéanamh i gceart aige sin, dar léi, agus bhí sí ar buile leis. 'Is fearr go mór a dhéanfainn féin an jab ná an t-amadán sin,' ar sise.

Ón lá sin amach bhíodh Bridget i láthair ag cluichí rugbaí níos minicí ná aon duine dá cairde. Ní hamháin sin ach rinne sí corpoideachas agus traenáil speisialta, agus súil aici go mbeadh sí féin ina réiteoir lá éigin.

Anois agus í sé bliana is fiche d'aois, tá meas mór ar Bridget Gee ar fud na Nua-Shéalainne go léir mar réiteoir. Bíonn sí i gceannas go minic ar chluichí rugbaí faoi 20. Le déanaí iarradh uirthi a bheith mar réiteoir ag an gcluiche ceannais de chomórtas rugbaí na n-ollscoileanna sa Fhrainc.

Thar aon rud eile anois tá súil ag Bridget go dtiocfadh an lá a bheidh sí i gceannas ar cheann de chluichí móra Chomórtas na gCúig Náisiún i gCaerdydd na Breataine Bige. Ach ar dtús, dar le Bridget, caithfear roinnt de na rialacha atá ann anois a athrú: faoi láthair, mar shampla, níl cead ag bean ar bith a bheith i láthair ag an mbéile a bhíonn ag na himreoirí agus na hoifigigh tar éis cluiche mhóir!

Gluais:
réiteoir: referee
Comórtas na gCúig Náisiún: Five Nations Cup

(i) Cad é an caitheamh aimsire a bhí ag Bridget Gee, de réir an chéad ailt den sliocht?
(ii) Cá raibh Bridget agus í ag féachaint ar na All-Blacks ar an teilifís?
(iii) Cén fáth a raibh fearg uirthi agus í ag féachaint ar an teilifís an lá sin?
(iv) Cén t-athrú a tháinig ar shaol Bridget ón lá sin amach?
(v) Cá bhfios dúinn go bhfuil Bridget go maith mar réiteoir?
(vi) Cén aois í Bridget?
(vii) Cén sampla a thugtar dúinn de riail atá ann faoi láthair a bhfuil Bridget míshásta léi?

AONAD 6 — SCRÍOBH NA TEANGA

Preparation

There are three questions to be answered in this part of the examinatin. There is a choice in each question. All the questions in this section should be answered in your answer book.

LEAGAN AMACH

Ceist 1:	*Cárta poist* (a postcard) *nó nóta* (a note). 25 marc
Ceist 2:	*Litir* (any one of two). 40 marc
Ceist 3:	(*a*) *Alt gairid* (any one of three or four). (*b*) *Cuntas a scríobh* (a story based on four pictures). 45 marc

You are strongly advised to be particularly careful in your use of the *tenses of verbs* in this section and to note what tenses questions are written in. Many marks are lost through carelessness in the use of verbs.

NATHANNA ÚSÁIDEACHA

The following is a list of phrases that should come in useful for answering questions in the '*Scríobh na teanga*' section of the exam, which includes the *Cárta poist/nóta* question, the *Litir* question, and the *Alt gairid* question.

Ways of saying 'I think'
ceapaim
sílim
measaim
táim ag ceapadh
is é mo bharúil

An aimsir
lá breá brothallach (a fine warm day)
bhí an ghrian ag spalpadh anuas (the sun was beaming down)
bhí sé ag stealladh báistí (it was pouring rain)
oíche sheaca a bhí ann (it was a frosty night)
ní raibh oiread agus puth gaoithe ag séideadh (there wasn't a breath of wind blowing)

pé scéal é (anyway, nevertheless)
dála an scéil (by the way)
ar an gcéad dul síos (first of all)
chun an fhírinne a insint (to tell the truth)
tá sé deacair a rá (it's hard to say)
níl a fhios agam ó thalamh an domhain (I have no idea)
tá mé glan cinnte (I'm dead certain)
ar nós na gaoithe (like the wind, in a great hurry)
cuir i gcás/cuirim i gcás/mar shampla (for example)
tá a fhios ag an saol (everyone knows)
dáiríre/i ndáiríre (really, in earnest)
go díreach/díreach é (exactly)
ar aon nós (in any case)
ar ndóigh (naturally, of course)
bhuel (well)
ceart go leor (good enough, all right)
muise (indeed)
cinnte (certainly)

There is a choice in this section between writing a *cárta poist* and a *nóta*, each of which carries 25 marks.

Cárta poist
- Your *cárta poist* (postcard) should be laid out clearly and tidily.
- You are asked to mention specific points (usually five) in the postcard. This should be done precisely and carefully.

How to answer the 'cárta poist' question.
- A full address at the top of your message is not required.
- Your postcard should begin with a greeting:
  A Sheáin, a chara,
  A Mháire, a chara,
- You should mention *all the points* in the question.
- Marks are usually *divided equally* between the points.
- Most postcards need to be written in the *aimsir láithreach* (present tense). However, it is possible to write some of the answers in the *aimsir chaite* (past tense) and in the *aimsir fháistineach* (future tense). The future tense is often used to finish a postcard: e.g. *'Feicfidh mé thú ar ball beag'* (I'll see you in a little while).

Cárta poist samplach 1
This is a worked example.

Ceist 1

(a) Tá tú ar laethanta saoire i Londain. Scríobh *cárta poist* chuig
cara leat.   (25 marc)

Luaigh na pointí seo a leanas:

—an áit ina bhfuil tú

—an aimsir

—na daoine atá in éineacht leat

—rud éigin a cheannaigh tú

—cén uair a bheidh tú ag filleadh abhaile.

Londain
23 Iúil

A Sheáin, a chara,

*Conas tá tú? Táim ag baint an-
taitnimh as an tsaoire seo. Tá an aimsir
go hiontach ar fad. Tá m'athair agus mo
mháthair in éineacht liom agus táimid ag
fanacht i dteach ósta álainn.*

*Cheannaigh mé seinnteoir nua agus
Levi's nua chomh maith.*

*Beidh mé ag dul abhaile arú amárach
agus feicfidh mé thú ansin le cúnamh Dé.
Slán go fóill.*

Liam.

Seán Ó Murchú

Bóthar na Trá

Dún Dealgan

Co. Lú

IRELAND

Gluais:
seinnteoir: record-player
arú amárach: the day after tomorrow

Cárta poist samplach 2
This is a worked example.

Ceist 1

(a) Tá tú ag freastal ar scoil nua. Scríobh *cárta poist* chuig cara leat
ag insint dó nó di faoin scoil nua.   (25 marc)

Luaigh na pointí seo a leanas:

—an áit ina bhfuil an scoil

—na cairde nua atá agat

—cé mhéad dalta atá sa scoil

—na múinteoirí nua atá agat

—na háiseanna atá sa scoil nua.

147

Béal an Mhuirthead
23 Bealtaine

A Mháire,

Dia duit! Táim ag freastal ar scoil nua anseo i gContae Mhaigh Eo. Scoil Bhreandáin an t-ainm atá uirthi, agus tá sí go hiontach. Tá an t-uafás áiseanna anseo—mar shampla páirceanna imeartha, cúirt leadóige, agus halla spóirt. Tá beagnach seacht gcéad dalta sa scoil, agus tá na múinteoirí go deas. Tá go leor cairde nua agam.

Slán go fóill,

Caitlín.

Máire Ní Néill

2 Sráid Áine

BAILE ÁTHA CLIATH 7

Gluais:

an t-uafás: many

Cárta poist samplach 3
This is a worked example.

Ceist 1

(a) Tá tú ar laethanta saoire sa Spáinn. Scríobh *cárta poist* chuig cara leat in Éirinn. (25 marc)

Luaigh na pointí seo a leanas:

—an turas go dtí an Spáinn

—an áit ina bhfuil tú ag fanacht

—an bia

—na daoine atá in éineacht leat

—cathain a bheas tú ag filleadh abhaile.

Fuengirola, An Spáinn
14 Lúnasa

A Thomáis, a chara,

Dia duit! Tá mé anseo i dteach ósta álainn agus táimid ag baint an-taitnimh as an tsaoire. Tháinig mé féin agus mo mhuintir go hAerfort Málaga, agus bhí an turas go deas. D'ith mé "paella" aréir agus thaitin sé go mór liom. Tá an aimsir go hiontach agus an bia ar fheabhas.

Beidh mé ar ais seachtain ó amárach, agus feicfidh mé ansin thú.

Do chara,

Cathal.

Tomás Mac Craith

Baile Roibín

Co. na Gaillimhe

IRLANDA

Cárta poist samplach 4
This is a worked example.

Ceist 1

(a) Tá tú ar chúrsa sa Ghaeltacht. Scríobh *cárta poist* chuig cara
leat.   (25 marc)

Luaigh na pointí seo a leanas:

—an áit ina bhfuil tú

—an aimsir

—na rialacha sa choláiste

—bean an tí

—duine éigin ar chas tú air nó uirthi

—cén uair a bheas tú ag filleadh abhaile.

Ráth Cairn
Co. na Mí
28 Iúil

A Áine, a chara,

Beatha agus sláinte! Bhuel, tá mé anseo i Ráth Cairn agus tá an aimsir go hálainn. Níl bean an tí ródhona, agus níl na rialacha ródhona ach oiread. Bíonn an Ghaeilge á labhairt agam i gcónaí. Tá go leor buachaillí deasa i mo rang, agus táim ag ceapadh go bhfuilim i ngrá le duine acu! Beidh mé ag dul abhaile an tseachtain seo chugainn. Feicfidh mé thú ansin.

Slán go fóill.

Fionnuala

PS: Cén chaoi a bhfuil Pádraig?

Áine Ní Laoire

25 Sráid na Croise

Cathair na Mart

CO. MHAIGH EO

Gluais:

ach oiread: either

táim ag ceapadh: I think

1.

Ceist 1

(a) Tá tú ar laethanta saoire thar lear. Scríobh *cárta poist* chuig
cara leat in Éirinn.   (25 marc)

Luaigh na pointí seo a leanas:

—an tír ina bhfuil tú

—an aimsir

—rud éigin a tharla duit

—cé atá in éineacht leat

—cén uair a bheas tú ag filleadh abhaile.

2.

Ceist 1

(a) Tá tú ar laethanta saoire i dteach d'aintín. Scríobh *cárta poist*
chuig cara leat.   (25 marc)

Luaigh na pointí seo a leanas:

—an aimsir

—an chabhair a thugann tú do d'aintín

—cara nua ar bhuail tú leis nó léi

—rud éigin a cheannagih tú

—cathain a bheas tú ag filleadh abhaile.

3.

Ceist 1

(a) Tá tú ag freastal ar chúrsa samhraidh sa Ghaeltacht. Scríobh
cárta poist chuig cara leat sa bhaile.   (25 marc)

Luaigh na pointí seo a leanas:

—an turas go dtí an áit

—an teach ina bhfuil tú ag fanacht

—bean an tí

—na ranganna a bhíonn agat

—cathain a bheas tú ag filleadh abhaile.

4.

Ceist 1

(a) Tá tú ar laethanta saoire ar fheirm d'uncail. Scríobh *cárta poist*
chuig cara leat.   (25 marc)

Luaigh na pointí seo a leanas:

—an áit ina bhfuil tú

—an chabhair a thugann tú do d'uncail

—na hainmhithe atá ar an bhfeirm

—cén uair a bheas tú ag filleadh abhaile.

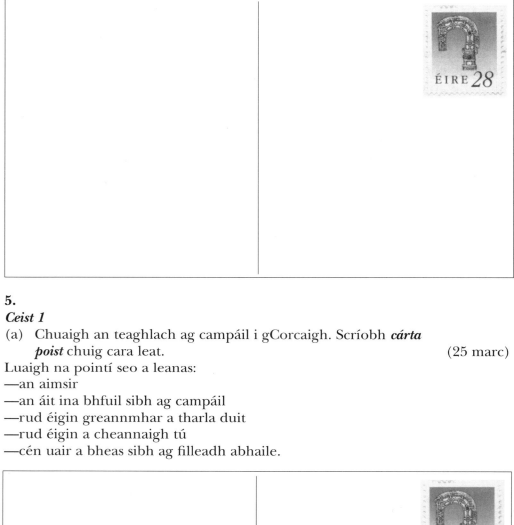

5.

Ceist 1

(a) Chuaigh an teaghlach ag campáil i gCorcaigh. Scríobh *cárta poist* chuig cara leat.   (25 marc)

Luaigh na pointí seo a leanas:

—an aimsir

—an áit ina bhfuil sibh ag campáil

—rud éigin greannmhar a tharla duit

—rud éigin a cheannaigh tú

—cén uair a bheas sibh ag filleadh abhaile.

6.

Ceist 1

(a) Tá tusa agus do rang scoile ar thuras sa Fhrainc. Scríobh *cárta poist* chuig do thuismitheoirí.   (25 marc)

Luaigh na pointí seo a leanas:

—an turas go dtí an Fhrainc

—na radhairc ansin

—an bia

—rud éigin a cheannaigh tú

—cathain a bheas tú ag filleadh abhaile.

7.

Ceist 1

(a) Tá tú féin agus do mhuintir ar shaoire champála in Albain. Scríobh *cárta poist* chuig cara leat.   (25 marc)

Luaigh na pointí seo a leanas:

—an turas go hAlbain

—an aimsir

—an láithreán campála

—cara nua a casadh ort sa láithreán campála

—cén uair a bheas sibh ag filleadh abhaile.

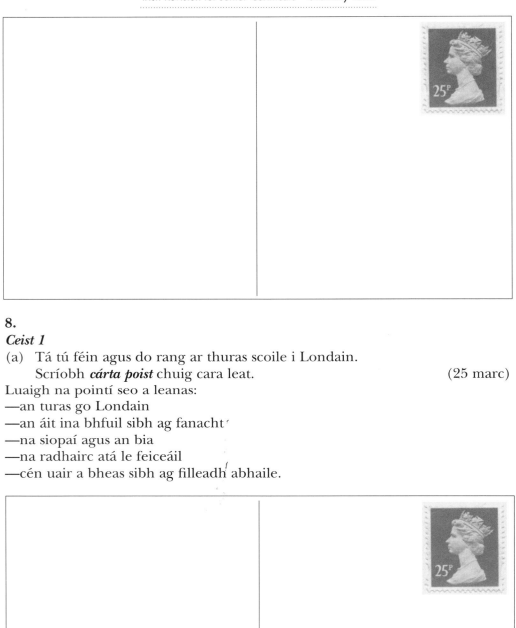

8.

Ceist 1

(a) Tá tú féin agus do rang ar thuras scoile i Londain.
   Scríobh ***cárta poist*** chuig cara leat.   (25 marc)

Luaigh na pointí seo a leanas:

—an turas go Londain

—an áit ina bhfuil sibh ag fanacht

—na siopaí agus an bia

—na radhairc atá le feiceáil

—cén uair a bheas sibh ag filleadh abhaile.

9.

Ceist 1

(a) Tá tú ar laethanta saoire le do thuismitheoirí faoin tuath.
Scríobh *cárta poist* chuig do chara.   (25 marc)

Luaigh na pointí seo a leanas:

—an áit ina bhfuil sibh ag fanacht

—an aimsir

—rud éigin greannmhar a tharla duit

—na radhairc atá le feiceáil san áit

—cathain a bheas tú ag filleadh abhaile.

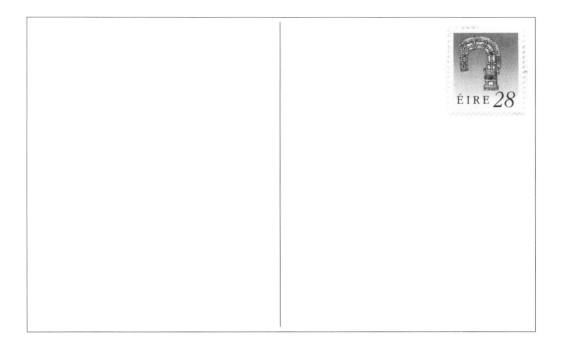

10.

Ceist 1

(a) Tá tú ar laethanta saoire in áit éigin in Éirinn. Scríobh *cárta poist* chuig do chara sa bhaile.   (25 marc)

Luaigh na pointí seo a leanas:

—an áit ina bhfuil tú

—an turas go dtí an áit

—rud éigin faoi dhioscó

—rud éigin a cheannaigh tú

—cén uair a bheas tú ag filleadh abhaile.

11.

SCRÚDÚ AN TEASTAIS SHÓISEARAIGH, 1996

Ceist 1

(a) Tá tú ar thuras scoile thar lear. Scríobh *cárta poist* chuig cara leat sa bhaile. Luaigh na pointí seo a leanas:

—an turas go dtí an tír sin

—an t-óstán ina bhfuil tú ag fanacht

—an aimsir

—mar a chaith tú d'airgead póca go dtí seo

—cén uair a bheas tú ag teacht abhaile.

An nóta

As you know, there is a choice in *ceist 1* between doing a *cárta poist* and a *nóta* (note). There are 25 marks for the *cárta poist* and for the *nóta*.

HOW TO DO THIS QUESTION

Four drawings are given on the exam paper. In addition, four or five pieces of information are given underneath the pictures. You are asked to write a *nóta gairid* (short note) based on the pictures and on the four or five pieces of information.

Your note should be laid out carefully and tidily, and you should write short sentences, paying particular attention also to the correct tense.

- Make sure you write about all the points mentioned in the question.
- Put the date and time at the top of the note.
- If the note is to someone you know well—for example father or mother, brother or sister—you need not include an address and need only sign the note with your first name.
- If the note is to someone you don't know personally, you should include your address and your full name.
- It is very important to answer in the correct tense.
- Notes will usually be about *an answer to an invitation, looking for an appointment, making an excuse about something,* or *giving an explanation* (for example if you had to take someone to hospital, or you've gone to the shop).

Vocabulary

The vocabulary given on pages 145–6 and later on pages 188–9 should prove helpful when preparing for this question.

NÓTA SAMPLACH 1

This is a worked example.

SCRÚDÚ AN TEASTAIS SHÓISEARAIGH, 1995

Ceist 1

(b)   (25 marc)

Is tusa agus Tomás, do dhearthár óg, atá sna pictiúir thuas. Sular imigh tú ón teach d'fhág tú nóta do d'athair á rá
—cad a bhí ar siúl agaibh sa ghairdín
—cad a tharla do Thomás
—cén gortú a bhain dó
—cá bhfuil sibh imithe
—cén uair a chuirfidh tú glao gutháin ar d'athair.
Scríobh an **nóta** sin.

Déardaoin, 4 i.n.

A Dhaid,

Bhí mé féin agus Tomás sa ghairdín. Bhí mise ag obair ar na bláthanna agus bhí Tomás ag súgradh le liathróid nuair a tharla timpiste dó. Thit sé agus ghortaigh sé a chloigeann. Táim ag dul go dtí an t-ospidéal, agus cuirfidh mé glao ort nuair a bheas an dochtúir réidh leis—timpeall leathuair tar éis a cúig nó níos déanaí. Táim cinnte go mbeidh sé ceart go leor. Caithfidh mé brostú anois.

Cáit

NÓTA SAMPLACH 2

This is a worked example.

SCRÚDÚ AN TEASTAIS SHÓISEARAIGH, 1994

Ceist 1

(b)   (25 marc)

Is tusa an duine atá sna pictiúir thuas. Ní thugann do mháthair cead duit dul chuig an gcóisir. Cuireann tú nóta chuig Liam á rá:

—an raibh áthas nó díomá ort nó an raibh tú buíoch faoin gcuireadh a fháil
—gur mhaith leat dul ann i dtosach
—cad a tharla nuair a labhair tú le do mháthair
—cén rud a bheas ar siúl agat Dé hAoine
—cén uair a fheicfidh tú Liam arís.

Scríobh an *nóta* sin.

Dé Máirt

A Liam,

    Go raibh míle maith agat as an gcuireadh chun do chóisire oíche Dhéardaoin seo chugainn. Bhí áthas orm an cuireadh a fháil agus ba bhreá liom dul ann, ach nuair a d'inis mé faoi do mo mháthair ní raibh sí sásta cead a thabhairt dom dul ann. Dúirt sí liom go gcaithfidh mé bheith ag déanamh staidéir don scrúdú. Beidh mé i mbun staidéir Déardaoin agus Dé hAoine. Má bhíonn tú saor Dé Sathairn feicfidh mé thú thart ar a dó a chlog i do theachsa. Tá súil agam go mbeidh spraoi iontach agaibh ag an gcóisir.

    Slán go fóill.

    Lee

1.

SCRÚDÚ AN TEASTAIS SHÓISEARAIGH, 1993

Ceist 1

(b)   (25 marc)

Is tusa an duine atá sna pictiúir thuas. Cuireann tú glao teileafóin ar do chara Phil, ach níl sé istigh. Fágann tú nóta ag teach Phil á rá

—cad a bheas ar siúl (cén áit? cén t-am?)

—cad a tharla nuair a ghlaoigh tú

—gur mhaith leat go rachadh Phil ann leat

—cén chaoi a rachaidh sibh ann

—cad a dhéanfaidh sibh ina dhiaidh sin.

Scríobh an ***nóta*** sin.

2.

Ceist 1

(b)   (25 marc)

Is tusa an duine óg sna pictiúir thuas. Sular fhág tú do theach d'fhág tú nóta do d'athair á rá

—cad a tharla do Dhónall óg

—cár tharla sé

—cén gortú a bhain dó

—cá bhfuil sibh imithe

—cén uair a bheas sibh ag filleadh abhaile.

Scríobh an **nóta** sin.

3.
Ceist 1
(b)   (25 marc)

Is tusa an duine atá sna pictiúir thuas. Iarrann do chairde ort dul chun scannán a fheiceáil. D'fhág tú nóta do do mháthair á rá
—cá bhfuil tú ag imeacht
—cén fáth a bhfuil tú ag imeacht
—cé atá in éineacht leat
—cén chaoi a rachaidh sibh ann
—cad a dhéanfaidh sibh ina dhiaidh sin.
Scríobh an *nóta* sin.

4.

SCRÚDÚ AN TEASTAIS SHÓISEARAIGH, 1992

Ceist 1

(b)   (25 marc)

Is duine tusa den bheirt daoine óga sna pictiúir thuas. Téann sibh go dtí teach cara libh, ach níl duine ar bith ann. Fágann sibh nóta sa teach á rá
—cad a tharla
—cá bhfuil sibh ag dul anois
—cad a bheas ar siúl ann
—cén uair a bheas sé ag críochnú
—cé hiad na daoine a bheas ann.
Scríobh an ***nóta*** sin.

5.

Ceist 1

(b) (25 marc)

Bhí tú ag siúl le do mhadra nuair a tharla timpiste. Sular imigh tú go hospidéal na n-ainmhithe d'fhág tú nóta do do mháthair á rá
—cá raibh tú ag dul
—cad a tharla
—cé a thug cabhair duit
—cá ndeachaigh sibh
—cén uair a bheas tú ag filleadh abhaile.
Scríobh an **nóta** sin.

6.

Ceist 1

(b)   (25 marc)

Is tusa an duine óg sna pictiúir thuas. Sular fhág tú do theach d'fhág tú nóta do d'athair á rá
—cad a tharla
—cá bhfuil tú ag imeacht
—cé a bheas in éineacht leat
—cathain a bheas tú ag filleadh abhaile.
Scríobh an *nóta* sin.

7.

Ceist 1

(b) (25 marc)

Is tusa an duine óg atá sna pictiúir thuas. Sular fhág tú an teach d'fhág tú nóta do do thuismitheoirí á rá

—cén fáth ar fhág tú an teach

—cá bhfuil tú ag dul

—cé leis a mbeidh tú ag bualadh

—cén uair a mbeidh tú ag filleadh abhaile.

Scríobh an **nóta** sin.

8.

Ceist 1

(b)   (25 marc)

Bhí tusa ag tabhairt aire do do dheirfiúr Áine nuair a tharla timpiste di. Sular fhág tú an teach d'fhág tú nóta do do mháthair á rá

—cad a tharla

—cathain ar tharla sé

—cá bhfuil tú ag tabhairt Áine

—go bhfuil brón ort

—cén uair a bheas tusa agus Áine ag filleadh abhaile.

Scríobh an *nóta* sin.

9.

SCRÚDÚ AN TEASTAIS SHÓISEARAIGH, 1992

Ceist 1
(b)   (25 marc)

Sular fhág Seán a theach féin scríobh sé nóta ag míniú dá mháthair
—cá raibh sé ag dul
—cén fáth a raibh sé ag dul ann
—cathain a bheadh sé ag teacht abhaile.
A raibh sa *nóta* sin, dar leat, a scríobh síos.

10.
Ceist 1
(b)   (25 marc)

Is tusa an buachaill atá sna pictiúir thuas. Sular fhág tú an teach d'fhág tú nóta
do d'athair á rá
—cad a tharla
—cá bhfuil tú ag dul
—cé a bheas in éineacht leat
—cad a bheas ar siúl agaibh
—cén uair a bheas tú ag filleadh abhaile.
Scríobh an *nóta* sin.

11.
Ceist 1
(b)   (25 marc)

Bhí tú ag tabhairt aire do do dheartháir óg nuair a tharla timpiste dó. Sula ndeachaigh tú go dtí an t-ospidéal d'fhág tú nóta do do mháthair á rá
—cad a tharla
—cén áit ar tharla sé
—cad a rinne tú ina dhiaidh sin
—cá ndeachaigh sibh
—cathain a bheas sibh ag filleadh abhaile.
Scríobh an **nóta** sin.

12.

SCRÚDÚ AN TEASTAIS SHÓISEARAIGH, 1996

Ceist 1

(b)   (25 marc)

Is tusa an duine óg atá sna pictiúir thuas. Ní bheidh tú ábalta dul chuig an lá spóirt. Cuireann tú nóta chuig Máire á rá

—go raibh tú sásta (nó míshásta) nuair a fuair tú an cuireadh

—gur mhaith leat dul ann i dtosach

—cad a tharla nuair a labhair tú le d'athair

—cén áit a mbeidh tú Dé hAoine agus cén fáth a mbeidh tú ansin

—cén uair a bheas tú ar ais ar scoil.

Scríobh an **nóta** sin.

An litir

Tá dhá shaghas litreach ann (there are two types of letter):

- *An litir phearsanta* (the personal letter). This is by far the more common type of letter that comes up in the Junior Cert exam.
- *An litir fhoirmiúil* (the formal letter). This letter type occurs far less frequently in the Junior Cert exam.

There are two letters to choose from: *ceist 2 (a)* and *2 (b)*. Letter 2 (*b*) is a letter about a picture.

LEAGAN AMACH (LAYOUT)

It is worth noting the instructions the Department of Education gives about how to write the letter: *Bíodh leagan amach cuí ar do litir, .i. seoladh, dáta, beannú, agus críoch oiriúnach.* (Your letter should have a suitable layout, i.e. address, date, greeting, and appropriate ending.)

SEOLADH (ADDRESS)

The address should be clearly written at the top right-hand corner of the page. It need not be your own address.

Some sample addresses

Bóthar Bhaile Átha Cliath An Uaimh Co. na Mí	Cearnóg an Aonaigh Tulach Mhór Co. Uíbh Fhailí
Sráid Phádraig Corcaigh	Páirc Mhuire Leitir Ceanainn Co. Dhún na nGall

AN DÁTA (THE DATE)

- The day (if you wish to include it) should be written in words: e.g. *Dé Luain.*
- The date of the month should be written in numerals: e.g. *10.*
- The month should be written in words: e.g. *Meitheamh.*
- The year should be written in numerals: e.g. *1997.*

Sample dates
Dé Luain 10 Meitheamh 1997
21 Samhain 1997

AN BEANNÚ (THE GREETING)

Litir phearsanta
A Mháire, a chara

A Phádraig, a chara dhil
A thuismitheoirí ionúine

Litir fhoirmiúil
A chara
A chairde
A Mhic Uí Mhurchú, a chara

CRÍOCH NA LITREACH (THE CLOSE)

Litir phearsanta
Mise le díograis
Mise do chara dílis

Mise d'iníon dhílis
Mise do chara buan

Plural
Mise bhur mac dílis
Mise bhur n-iníon dhílis

Litir fhoirmiúil
Mise le meas

NATHANNA ÚSÁIDEACHA DON LITIR

Cén chaoi a bhfuil an saol agat? (How's life?)

Go raibh míle maith agat as an gcuireadh (Thank you very much for the invitation)

Tá súil agam go bhfuil tú féin agus do mhuintir i mbarr na sláinte (I hope you and your family are in the best of health)

Abair le Máire go raibh mé ag cur a tuairisce (Tell Máire I was asking for her)

Go n-éirí an t-ádh leat/Go n-éirí leat (Good luck)

Scríobh ar ais chugam gan mórán moille (Write back to me without delay)

Slán agus beannacht (Goodbye and God bless you)

Slán go fóill (Goodbye for now)

LEAGAN AMACH NA LITREACH (LAYOUT OF THE LETTER)

Is é seo gnáthleagan amach na litreach:

1. [do sheoladh]

2. [an dáta]

3. [beannacht]

4. [tús na litreach]

5. [croí na litreach]

6. [críoch na litreach] _____

_____

7. [d'ainm] _____

Litir shamplach 1

This is a worked example.

Ceist 2. (*a*)   (40 marc)

[N.B. Bíodh leagan amach cuí ar do litir, .i. seoladh, dáta, beannú agus críoch oiriúnach.]

(a)   Bhí tú ag ceolchoirm i mBaile Átha Cliath. Scríobh *litir* chuig do chara ag insint dó nó di faoi.
       Luaigh na pointí seo a leanas:
       —cá raibh tú aréir
       —cé a bhí leat
       —daoine ar chas tú leo
       —rud éigin faoi na ceoltóirí
       —rud éigin a cheannaigh tú.

> *Bóthar Bhaile Átha Cliath*
> *An Uaimh*
> *Co. na Mí*
>
> *Dé Luain 10 Meitheamh 1997*
>
> *A Sheáin, a chara dhil,*
>
>   *Cén chaoi a bhfuil tú? Tá mise go maith, buíochas le Dia. Bhí áthas orm do litir a fháil Dé Céadaoin, agus bhí áthas orm a chloisteáil go bhfuil gach aon duine go maith i do theachsa.*
>
>   *Chuaigh mé féin agus Cathal Ó Laoire as rang 5B chuig na Corrs san RDS i mBaile Átha Cliath aréir, agus bhí an-oíche go deo againn. Bhí an ceol agus an t-atmaisféar go hiontach amach is amach; táim ag ceapadh go bhfuil sárfhuaim ag na Corrs.*
>
>   *Bhuail mé le Seán de Paor agus le Liam Ó Loingsigh ag an gceolchoirm, agus bhí siad ag cur do thuairisce. Cheannaigh mé dlúthcheirnín nua leis na Corrs agus T-léine le pictiúr díobh uirthi.*
>
>   *Caithfidh mé deireadh a chur leis an litir seo anois. Scríobh ar ais chugam gan mórán moille. Abair le gach aon duine go raibh mé ag cur a dtuairisce.*
>
>   *Slán go fóill.*
>   *Do chara buan,*
>   *Éamann*

Gluais:

go hiontach amach is amach: really great

táim ag ceapadh: I think

sárfhuaim: a great sound

dlúthcheirnín: compact disc (CD)

Litir shamplach 2

This is a worked example.

Ceist 2. (*a*)   (40 marc)

[N.B. Bíodh leagan amach cuí ar do litir, .i. seoladh, dáta, beannú agus críoch oiriúnach.]

(a) Fuair tú bronntanas deas ó d'aintín do do lá breithe. Scríobh *litir* chuig d'aintín.

Luaigh na pointí seo a leanas:

—go raibh tú buíoch di as an mbronntanas

—rud éigin faoin mbronntanas a fuair tú uaithi

—cé a bhí ag an gcóisir

—conas a chaith tú do lá breithe

—rud éigin a tharla ag an gcóisir.

> *89 Sráid Phádraig*
> *Corcaigh*
>
> *Déardaoin 23 Bealtaine 1997*
>
> *A Aintín Clíona,*
>
> *Beatha agus sláinte! Cén chaoi a bhfuil tú? Tá súil agam go bhfuil tú go maith. Tá mise agus gach uile duine sa teach i mbarr na sláinte, buíochas le Dia.*
>
> *Táim ag scríobh chugat chun mo bhuíochas a ghabháil leat as an mbronntanas a chuir tú chugam do mo lá breithe. Is rothar fíordheas é, agus geallaim duit go mbainfidh mé sárúsáid as.*
>
> *Bhí cóisir iontach againn sa teach, agus bhí na sluaite de mo chairde i láthair. Bhí beirt as mo rang ann chomh maith. Thit Seán de Búrca, as Eochaill, síos na staighre, ach níor gortaíodh go dona é.*
>
> *Is trua nach raibh tú ag an gcóisir, ach tá súil agam go mbuailfidh mé leat nuair a bheas tú i gCorcaigh i rith mí Lúnasa. Gabhaim mo bhuíochas leat arís as an rothar álainn a thug tú dom.*
>
> *Slán go fóill.*
>
> *Mise do neacht ceanúil,*
>
> *Micheál*

Gluais:

geallaim duit: I promise you

175

Litir shamplach 3

This is a worked example.

Ceist 2. (*a*)   (40 marc)

[N.B. Bíodh leagan amach cuí ar do litir, .i. seoladh, dáta, beannú agus críoch oiriúnach.]

(a)   Tá tú tar éis teacht abhaile tar éis cúrsa samhraidh a dhéanamh sa Ghaeltacht. Scríobh *litir* chuig príomhoide na cúrsa.
Luaigh na pointí seo a leanas i do litir:
—go bhfuil tú an-bhuíoch dó nó di
—na rudaí is mó a thaitin leat sa Ghaeltacht
—rud éigin nár thaitin leat
—an turas abhaile
—cathain a bheas tú ar ais.

---

85 Ascaill an Phiarsaigh
Droichead Átha

Dé Domhnaigh 25 Lúnasa 1997

A Mháistir Uí Chonaíle, a chara,

Dia duit. Tá súil agam go bhfuil tú go maith agus nach bhfuil tú róthuirseach tar éis an chúrsa. Shroich mé Droichead Átha aréir, agus caithfidh mé a admháil go raibh mé leathmharbh tar éis an turais.

Dúirt mo thuismitheoirí liom go mba chóir dom scríobh chugat agus mo bhuíochas a ghabháil leat as an gcúrsa breá a chuir tú ar fáil dúinn i gColáiste Chiaráin. Tá áthas orm é sin a dhéanamh. D'fhoghlaim mé an t-uafás Gaeilge sa Cheathrú Rua, agus thaitin na himeachtaí go mór liom, go háirithe an snámh agus an chispheil. Níor thaitin an turas go hÁrainn liom, áfach, toisc go raibh mé tinn an lá sin.

Tá sé ar intinn agam bheith ar ais sa choláiste an bhliain seo chugainn, agus táim ag súil go mór leis.

Mise le meas,
Pádraig de Búrca

Gluais:
a admháil: to admit
leathmharbh: half dead
an t-uafás: a great amount

Litir shamplach 4

This is a worked example.

Ceist 2. (*b*)   (40 marc)

[N.B. Bíodh leagan amach cuí ar do litir, .i. seoladh, dáta, beannú agus críoch oiriúnach.]

(b)   Chaith tusa agus do mhuintir coicís ar laethanta saoire san áit seo. Tháinig sibh abhaile inné. Scríobh *litir* chuig do chara ag insint dó nó di faoi.

Bóthar na Mara
Dún Dealgan

Dé Máirt 12 Lúnasa 1997

A Chaitríona, a chara,

    Cad é mar atá tú? Tá mise go maith, buíochas le Dia. Go raibh míle maith agat as an litir a chuir tú chugam nuair a bhí mé ar mo laethanta saoire i gContae Mhaigh Eo.

    Chuaigh mé féin agus mo mhuintir go Béal an Mhuirthead coicís ó inné agus d'fhanamar ann go dtí inné. Bhí an-spraoi ar fad agam, agus bhuail mé le go leor cairde nua. Bhí cúrsa Gaeilge ar siúl i gColáiste Ríocaird Bairéid san Eachléim, baile álainn i nGaeltacht Iorrais in iarthuaisceart Mhaigh Eo. Cé nach raibh mé féin ag freastal ar an gcúrsa chuaigh mé chuig roinnt de na himeachtaí oíche.

    Bhí mé ag rásaí na gcurach, agus chomh maith leis sin chuaigh mé féin agus mo dhearthair Pól chuig an dioscó i mBéal an Mhuirthead. Bhuail mé le buachaill deas ann agus gheall sé go scríobhfadh sé chugam.

    Bhuel, a Chaitríona, tá sé in am dom deireadh a chur leis an litir anois. Abair le hÁine agus le Liam go raibh mé ag cur a dtuairisce, le do thoil.

    Mise do chara go deo,
    Caitlín

Gluais:
spraoi: fun, enjoyment
rásaí na gcurach: curach races
bhuail mé le: I met

1.

SCRÚDÚ AN TEASTAIS SHÓISEARAIGH, 1995

Ceist 2. Freagair (*a*) ***nó*** (*b*) anseo.   (40 marc)

(a) Tá tú ag obair ar an bhfeirm atá ag d'uncail agus ag d'aintín. Tá tú ann le mí anuas agus beidh tú ann don samhradh ar fad. Scríobh ***litir*** chuig cara leat sa bhaile, agus luaigh na pointí seo inti:
—an fheirm agus an teach a bhfuil tú ag fanacht ann
—cén sórt daoine iad d'uncail, d'aintín, agus a gcuid páistí
—an obair a dhéanann tú ar an bhfeirm
—cad a dhéanann tú ar an deireadh seachtaine.

NÓ

(b)

Campa Saoire Samhraidh
An Clochán

Caith coicís sa Chlochán!
Fáilte roimh pháistí idir 6 agus 12 bliain d'aois

SPÓRT AGUS SPRAOI!
Seo roinnt de na himeachtaí:

cluichí páirce agus cúirte	ceardaíocht	ealaín
cluichí laistigh	snámh	céilí-dioscó
bádóireacht	drámaíocht	siúlóidí

Tugtar aire iontach do pháistí!
Oscailte ó 3 Iúil go 25 Lúnasa

Tá post samhraidh agat ag obair sa champa saoire seo (nó áit cosúil leis). Is breá leat an áit agus an obair. Scríobh *litir* abhaile chuig d'athair nó do mháthair ag insint dó nó di faoin áit, faoin obair a dhéanann tú sa champa saoire, faoi thimpiste a tharla sa champa, agus faoi cad a dhéanfaidh tú Dé Luain seo chugainn nuair a bheas lá saor agat.

2.

Ceist 2. Freagair (*a*) *nó* (*b*) anseo. (40 marc)

(a) Tá tú ag freastal ar chúrsa samhraidh sa Ghaeltacht. Scríobh *litir* abhaile chuig do chara.
Luaigh na pointí seo sa litir:
—an ceantar ina bhfuil tú
—an teach ina bhfuil tú agus bean an tí
—an bia
—conas a chaitheann tú an lá sa choláiste
—na cairde nua ar bhuail tú leo
—conas a thaitníonn an cúrsa leat.

NÓ

(b) Chuaigh tú féin agus do rang go Baile Átha Cliath ar thuras scoile. Bhí am iontach agaibh. Scríobh *litir* chuig do chara ag insint dó nó di faoi roinnt de na rudaí a tharla i rith an lae.

3.

SCRÚDÚ AN TEASTAIS SHÓISEARAIGH, 1994

Ceist 2. Freagair (*a*) *nó* (*b*) anseo. (40 marc)

(a) Tá cara pinn nua agat. Fuair tú ainm agus seoladh do charad nua san iris *Mahogany Gaspipe*. Scríobh *litir* chuig do chara pinn nua, agus luaigh na pointí seo inti:
—d'áit chónaithe agus na daoine atá i do theaghlach
—cúpla rud faoin gcaitheamh aimsire atá agat
—an sórt bia a thaitníonn leat
—cúpla rud faoi chlub éigin a bhfuil baint agat leis
—gur mhaith leat bualadh le do chara pinn am éigin.

179

NÓ

(b)

Tá post samhraidh faighte agat ag obair in óstán san áit seo (nó áit atá cosúil leis). Tá mí amháin caite agat ag obair ann agus tá mí amháin eile le caitheamh agat fós ann. Scríobh *litir* chuig d'uncail nó d'aintín ag insint dó nó di faoin áit, faoin obair, agus faoi roinnt de na rudaí a tharla.

4.
Ceist 2. Freagair (*a*) *nó* (*b*) anseo. (40 marc)

(a) Bhuaigh foireann do scoile comórtas mór le déanaí. Bhí tusa ag imirt leo. Scríobh *litir* chuig do chara ag insint dó nó di faoin mbua a bhí agaibh agus cad a tharla ina dhiaidh sin.
Luaigh na pointí seo i do litir:
—an comórtas
—an bua a bhí agaibh
—an fhoireann eile
—an corn a fuair sibh
—cathain a fheicfidh tú do chara arís.

NÓ

(b) Tá tusa agus do mhuintir ar laethanta saoire thar lear. Scríobh *litir* chuig do chara sa bhaile ag insint dó nó di faoin áit, faoi na daoine a casadh ort, agus faoin aimsir.

5.

SCRÚDÚ AN TEASTAIS SHÓISEARAIGH, 1993

Ceist 2. Freagair (*a*) *nó* (*b*) anseo.   (40 marc)

(a) Cheannaigh d'athair agus do mháthair teach nua atá i bhfad ó do sheanteach agus ó do sheanchara. Tá tú i do chónaí sa teach nua le cúpla mí. Scríobh *litir* chuig do sheanchara, agus luaigh na pointí seo inti:
   —an chaoi a dtaitníonn do theach nua agus d'áit chónaithe nua leat
   —na daoine nua a casadh ort
   —cúpla rud faoi do scoil nua
   —cén uair a fheicfidh tú do chara arís.

NÓ

(b) Chaith tusa agus grúpa daltaí ó do scoil féin seachtain san áit seo (nó in áit iasachta cosúil leis). Bhí sibh ar thuras scoile. Dúradh leat litir a scríobh abhaile tar éis dhá lá ann. Scríobh *litir* abhaile chuig d'athair nó do mháthair ag insint dó nó di faoin áit agus faoi roinnt de na rudaí a tharla.

181

6.

Ceist 2. Freagair (*a*) ***nó*** (*b*) anseo. (40 marc)

(a) Tá tusa agus do mhuintir tar éis aistriú go teach nua atá amuigh faon tuath.
Scríobh ***litir*** chuig cara leat ag insint dó nó di faoi do shaol nua.
Luaigh na pointí seo i do litir:
—an áit nua ina bhfuil tú i do chónaí
—do theach nua
—an scoil nua ina bhfuil tú
—na rudaí a thaitníonn nó nach dtaitníonn leat faoin áit nua
—na cairde nua atá agat.

NÓ

(b) Chaith tú féin agus cairde leat lá cois farraige. Scríobh ***litir*** chuig cara eile
leat ag insint dó nó di faoin lá iontach a bhí agaibh.

7.

SCRÚDÚ AN TEASTAIS SHÓISEARAIGH, 1992

Ceist 2. Freagair (*a*) **nó** (*b*) anseo. (40 marc)

(a) Tá cara leat tinn in ospidéal atá i bhfad uait. Scríobh *litir* chuig an gcara sin agus luaigh na pointí seo a leanas inti:
—mar a chuala tú faoin tinneas atá ar do chara
—cén uair a bheas tú ag dul ar cuairt chuig do chara
—rud éigin a tharla duit féin
—cúpla rud faoi na cairde eile ar scoil.

NÓ

(b) Tá áit stairiúil le feiceáil sa phictiúr thíos. Bhí tú ar thuras scoile go dtí áit stairiúil éigin cosúil leis an gceann sin (nó go dtí áit stairiúil éigin eile). Bhí lá iontach agaibh. Scríobh *litir* chuig cara leat ag insint dó nó di faoin lá sin agus faoi roinnt de na rudaí a tharla.

8.

Ceist 2. Freagair (*a*) *nó* (*b*) anseo. (40 marc)

(a) Tá tú san ospidéal tar éis obráid ar do chos. Fuair tú bronntanas agus cárta ó do chara. Scríobh *litir* chuige nó chuici.

Luaigh na pointí seo a leanas i do litir:

—go bhfuil tú an-bhuíoch de nó di

—conas ar éirigh leis an obráid

—conas atá do chos anois

—do shaol san ospidéal

—cathain a bheas tú ag dul abhaile.

NÓ

(b)

Tá tú ar saoire le d'aintín san áit thuas. Scríobh *litir* chuig do chara ag insint dó nó di faoi.

9.

SCRÚDÚ AN TEASTAIS SHÓISEARAIGH, 1992

Ceist 2. Freagair (*a*) *nó* (*b*) anseo. (40 marc)

(a) Tá tú díreach tagtha abhaile tar éis duit mí a chaitheamh sa Ghaeltacht. Scríobh *litir* chuig bean an tí a raibh tú ag fanacht ann.

Luaigh na pointí seo a leanas i do litir:

—go bhfuil tú an-bhuíoch di

—rudaí a thaitin leat nuair a bhí tú sa Ghaeltacht

—an turas abhaile

—do mhuintir féin.

NÓ

(b)

Chuaigh tú chuig an gceolchoirm seo. Nuair a tháinig tú abhaile an oíche sin scríobh tú litir chuig cara leat ag insint dó nó di faoin tráthnóna agus faoi na daoine a casadh ort. A raibh sa *litir* sin a scríobh síos.

10.

Ceist 2. Freagair (*a*) **nó** (*b*) anseo. (40 marc)

(a) Chuaigh tú féin agus do chara chuig cluiche mór i bPáirc an Chrócaigh. Scríobh *litir* chuig cara eile leat ag insint dó nó di faoin gcluiche agus an lá iontach a bhí agaibh.

Luaigh na pointí seo a leanas i do litir:

—conas a chuaigh sibh go Páirc an Chrócaigh

—cé a bhí ag imirt

—cé a fuair an bua sa chluiche

—rud éigin greannmhar a tharla ag an gcluiche

—cén uair a fheicfidh tú do chara arís.

NÓ

185

(b) The Cranberries

Chuaigh tú chuig an gceolchoirm thuas. Scríobh *litir* chuig cara leat ag insint dó nó di faoin oíche agus roinnt de na rudaí a tharla.

11.

SCRÚDÚ AN TEASTAIS SHÓISEARAIGH, 1996

Ceist 2. Freagair (*a*) *nó* (*b*) anseo. (40 marc)

(a) Tá tú sa Ghaeltacht ar chúrsa samhraidh. Tá deich lá caite agat ann agus beidh tú ann go ceann seachtain eile. Scríobh *litir* chuig cara leat sa bhaile agus luaigh na pointí seo inti:
—an chaoi a dtaitníonn an Ghaeltacht leat
—cén sórt daoine iad bean an tí agus na múinteoirí
—an spórt agus an spraoi a bhíonn agat leis na scoláirí eile i rith an lae
—cad a dhéanann sibh san oíche.

NÓ

(b)

Óstán na Trá

Dún Garbhán, Co. Phort Láirge

Caith saoire linne i mbliana!

Tá áiseanna iontacha againn:

Machaire gailf 18 poll
Linn snámha agus leaba gréine
Cúirteanna leadóige agus cúirteanna scuaise
Trá phríobháideach

Bialann den scoth
Dhá theach tábhairne
Amharclann bhreá
Siamsaíocht gach oíche—ceol, rince, karaoke
Tuilleadh eolais: (0507) 54321

Tá post samhraidh agat ag obair san óstán seo (nó in áit cosúil leis). Is breá leat an áit, ach ní maith leat an obair. Scríobh *litir* chuig d'uncail nó d'aintín ag insint dó nó di faoin áit, faoin obair a dhéanann tú san óstán, faoi rud greannmhar a tharla san óstán, agus faoi cad a rinne tú an deireadh seachtaine seo caite.

An t-alt (ceist 3)

You are required to answer (*a*) or (*b*) in this part of the exam.

HOW TO DO THIS QUESTION

You must write a paragraph of about *fifteen lines* on any one of four topics, most of which will require that you answer in the *aimsir láithreach* (present tense).

If you choose to do (*b*) rather than (*a*) you will be required to write an account based on four pictures. You should attempt to write three or four lines for each picture—but be sure that you write at least fifteen lines.

Note that the story may be written in the *aimsir chaite* (past tense), which most pupils find the easiest tense to write in.

Note also that the account is a *dialann* or diary-type question: in other words, you may write it as if you are making an entry in your diary, and you may pretend that you are one of the characters mentioned in the question. The topics covered are similar to those in (*a*) above.

Common topics
- Your home and district
- Your family
- Your friends
- Your pastimes
- Sport
- Music
- Illness
- Family celebrations, or a typical day in your home
- Your school

VOCABULARY FOR THE 'ALT GAIRID' AND 'CUNTAS'
Home and district

amuigh faoin tuath (in the country)
ciúin (quiet)
álainn (beautiful)
m'áit dhúchais (my native place)
baile (home, home place)
baile fearainn (townland)
contae (county)
baile mór (town)
sráidbhaile (village)
bruachbhaile (suburb)
club óige (youth club)
pictiúrlann (cinema)
eastát (estate)
seomra suí (sitting-room)
halla (hall)

seomra bia (dining-room)
seomra folctha (bathroom)
leithreas (toilet)
ag glanadh (cleaning)
thuas staighre (upstairs)
thíos staighre (downstairs)
fuinneog (window)

Your family and friends
(See also page 4.)
mo thuismitheoirí (my parents)
mo dheirfiúr (my sister)
mo dheartháir (my brother)
mo sheanathair (my grandfather)
mo sheanmháthair (my grandfather)

m'uncail (my uncle)
m'aintín (my aunt)
mo chara (my friend)
mo chairde (my friends)
na comharsana (the neighbours)
óg (young)
níos óige (younger)
is óige (youngest)
sean (old)
níos sine (older)
is sine (eldest)

Pastimes, sport, and music
(See also page 4.)
cláir cheoil (music programmes)
cláir Ghaeilge (programmes in Irish)
cláir spóirt (sports programmes)
cláir ghrinn (comedy programmes)
pop-cheol (pop music)
rock-cheol (rock music)
ceol tíre/ceol Gaelach/ceol
  traidisiúnta (traditional music, folk
  music)
is fuath liom (I hate)
is breá liom (I like)
ag rince/ag damhsa (dancing)
ag léamh (reading)
ag iomáint (playing hurling)
club peile (football club)
is ball mé (I am a member)

Illness
ag brath go dona (feeling bad)
i ndroch-chaoi (in a bad way)
ag casachtach (coughing)
teocht ard (a high temperature)
an fliú (the flu)
an-tinn go deo/go dona tinn (very ill
  indeed, seriously ill)
an bhruitíneach (the measles)
deoch the (a hot drink)
lárionad sláinte (health centre)
leigheas (cure)
instealladh (injection)
oideas dochtúra (a prescription)
tháinig biseach orm (I got better)
banaltra (a nurse)

Family celebrations
mo lá breithe (my birthday)
cóisir (a party)

School and school facilities
(See page 4.)

Place-names
Days, months, time
(See page 2–3 and 5–6.)

Alt samplach 1

This is a worked example.

Mo chara

Tá cara iontach agam. Liam is ainm dó. Tá Liam ina chónaí in aice le mo theachsa, agus téimid ar scoil le chéile beagnach gach uile lá. Táimid sa rang céanna ar scoil, agus bímid ag súgradh le chéile ag am lóin. Is maith le Liam rock-cheol, ach b'fhearr liomsa Christy Moore nó Paul Brady. Bíonn mise agus Liam ag imirt cártaí gach oíche Aoine, agus is iomaí uair a théimid chuig an dioscó i gCathair na Mart. Tá mise measartha maith ag an nGaeilge, agus má bhíonn aon fhadhb ag Liam leis an obair bhaile cuireann sé glao teileafóin orm nó tagann sé go dtí mo theachsa agus tugann mé cúnamh dó. Tá mise lag ag an matamaitic, agus cabhraíonn Liam liom má bhím i bponc. Is cara dílis é Liam, agus níor loic sé riamh orm.

Gluais:
gach uile: every
is iomaí: it's many
b'fhearr liomsa: I'd prefer
measartha maith: fairly good
aon fhadhb: any problem
cúnamh: help
dílis: loyal
níor loic sé riamh orm: he never let me down

Alt samplach 2

This is a worked example.

Mo scoil

Táim ag freastal ar Choláiste San Oilibhéar i nDroichead Átha. Taitníonn an scoil seo go mór liom. Tagaim ar scoil gach lá ar an mbus scoile, agus bíonn spórt iontach agam ar an mbus. Tosaíonn na ranganna ar a naoi a chlog gach lá. Bíonn sos againn ar fiche tar éis a deich, agus tosaíonn am lóin ar leathuair tar éis a dó dhéag. Ní chríochnaíonn na ranganna go dtí deich nóiméad chun a ceathair gach tráthnóna. Tá seachtó múinteoir sa scoil agus beagnach 1,200 dalta. Tá matamaitic, stair, tíreolaíocht, Fraincis, corpoideachas, ealaín agus admhadóireacht á ndéanamh agamsa. Tá an t-uafás áiseanna sa scoil, ina measc páirceanna imeartha, halla spóirt, agus cúirteanna leadóige. Tá cailíní agus buachaillí sa scoil seo, agus is maith liomsa é sin. Tríd is tríd is breá liom mo scoil.

Gluais:
rogha leathan: a broad choice
an t-uafás áiseanna: a huge number of facilities
tríd is tríd: generally speaking

HOW TO DO QUESTION 3 (B)

- You may write the picture story in the past tense.
- The names of a boy and a girl will *always* be mentioned in the picture story, so you must be one of these for the purposes of this question.
- You should write the story *as if you are making an entry in your own diary.*

Cuntas samplach 1

This is a worked example.

Is iad Úna agus Pól na daoine óga atá sna pictiúir thuas. Scríobh an **cuntas** is dóigh leat a bheadh ag Úna ina dialann, nó ag Pól ina dhialann, ar na himeachtaí atá léirithe thuas.

[Is leor 15 líne nó mar sin i do fhreagra.]

Chuaigh mé féin agus Úna go Baile Átha Cliath inné, agus bhí lá breá againn. Fuaireamar bus ón gcearnóg ar leathuair tar éis a deich, agus shroicheamar Busáras ar ceathrú chun a haon. Ar dtús chuamar isteach i siopa éadaigh i lárionad siopadóireachta, agus cheannaigh Úna geansaí ar £25. Fuair mise bríste géine ar £30. Bhí ocras orainn, agus díreach ina dhiaidh sin chuamar isteach i mbialann deas i Sráid Uí Chonaill agus bhí béile breá ag an mbeirt againn. D'itheamar borgairí agus sceallóga agus d'ólamar deoch oráiste Ansin chuamar isteach i siopa ceirníní agus bhíomar ag féachaint ar dhlúthcheirníní agus ar théipeanna. Cheannaigh Úna CD le East 17 agus cheannaigh mise téip le Richie Kavanagh. Fuaireamar bus abhaile ar leathuair tar éis a sé, agus cé go rabhamar tuirseach bhíomar sásta tar éis an lae iontaigh a bhí againn.
Sin a bhfuil go fóill.

Cuntas samplach 2

This is a worked example.

Is iad Cathal agus Méabh na daoine óga atá sna pictiúir thuas. Scríobh an *cuntas* is dóigh leat a bheadh ag Cathal ina dhialann, nó ag Méabh ina dialann, ar na himeachtaí thuas.

[Is leor 15 líne nó mar sin i do fhreagra.]

Bhuel, ní chreidim cad a tharla! D'éirigh mé ar a seacht a chlog agus d'ith mé mo bhricfeasta ag a hocht. D'fhág mé an teach ar a deich tar éis a hocht, agus bhuail mé le Cathal ag stad an bhus. Tháinig bus na scoile, ach níor stad sé dúinn, agus bhí orainn siúl ar scoil. Turas dhá mhíle a bhí ann, agus bhí sé leathuair tar éis a naoi nuair a shroicheamar an scoil. Chuamar isteach sa seomra ranga, agus bhí an múinteoir ar buile linn. D'iarr sí orainn cén fáth a rabhamar déanach, ach tá brón orm a rá nár chreid sí an scéal a bhí againn. Bhí sí ar buile linn, agus dúirt sí linn gan a bheith déanach riamh arís. Chomh maith leis sin thug sí obair bhaile bhreise dúinn, agus bhí orainn seomra na múinteoirí a ghlanadh ag am lóin. Tá mé glan cinnte nach mbeidh mé déanach ar scoil go deo arís, agus táim ag ceapadh nach mbeidh Cathal déanach arís ach oiread!

Gluais:
ar buile: furious
obair bhaile bhreise: extra homework
glan cinnte: dead certain

go deo: ever
táim ag ceapadh: I think
ach oiread: either

1.

SCRÚDÚ AN TEASTAIS SHÓISEARAIGH, 1992

Ceist 3.

Freagair (*a*) **nó** (*b*) anseo.

(a) **Alt** gairid (15 líne nó mar sin) a scríobh ar *cheann amháin* de na hábhair seo:

    (i)   Mo scoil féin.

    (ii)   Duine a bhfuil meas agam air nó uirthi.

    (iii)   An Nollaig i mo theachsa.

NÓ

(b)

Is iad Donncha agus Clíona na daoine óga sna pictiúir thuas. Scríobh an **cuntas** is dóigh leat a bheadh ag Donncha ina dhialann, nó ag Clíona ina dialann, ar na himeachtaí atá léirithe thuas.

[Is leor 15 líne nó mar sin i do fhreagra.]

193

2.

Ceist 3.

Freagair (*a*) **nó** (*b*) anseo.

(a) **Alt** gairid (15 líne nó mar sin) a scríobh ar *cheann amháin* de na hábhair seo:

  (i)   Mo mhuintir.

  (ii)   Mo lá breithe.

  (iii) Ceolchoirm a chonaic mé.

  (iv) Scannán maith a chonaic mé.

NÓ

(b)

Is iad Siobhán agus Micheál na daoine óga sna pictiúir thuas. Scríobh an **cuntas** is dóigh leat a bheadh ag Siobhán ina dialann, nó ag Micheál ina dhialann, ar na himeachtaí atá léirithe thuas.

[Is leor 15 líne nó mar sin i do fhreagra.]

3.

SCRÚDÚ AN TEASTAIS SHÓISEARAIGH, 1992

Ceist 3.

Freagair (*a*) *nó* (*b*) anseo.

(a) *Alt* gairid (15 líne nó mar sin) a scríobh ar *cheann amháir* de na hábhair seo:

    (i)   Clár teilifíse a thaitníonn liom.

    (ii)   Lá Fhéile Pádraig i mo theachsa.

    (iii)   Peataí.

    (iv)   Mar a chaith mé Domhnach fliuch sa bhaile.

NÓ

(b)

Is iad Séamas agus Áine na daoine óga sna pictiúir thuas. Scríobh an *cuntas* is dóigh leat a bheadh ag Séamas ina dhialann, nó ag Áine ina dialann, ar na himeachtaí atá léirithe thuas.

[Is leor 15 líne nó mar sin i do fhreagra.]

4.

Ceist 3.

Freagair (*a*) *nó* (*b*) anseo.

(a) *Alt* gairid (15 líne nó mar sin) a scríobh ar *cheann amháin* de na hábhair seo:

    (i) Duine a bhfuil meas agam air nó uirthi.

    (ii) Turas scoile a thaitin go mór liom.

    (iii) Mo chara.

    (iv) Lá Fhéile Pádraig i mo theachsa.

NÓ

(b)

Is iad Dónall agus Aoife na daoine óga sna pictiúir thuas. Scríobh an *cuntas* is dóigh leat a bheadh ag Dónall ina dhialann, nó ag Aoife ina dialann, ar na himeachtaí atá léirithe thuas.

[Is leor 15 líne nó mar sin i do fhreagra.]

196

5.

SCRÚDÚ AN TEASTAIS SHÓISEARAIGH, 1993

Ceist 3.

Freagair (*a*) *nó* (*b*) anseo.

(a) *Alt* gairid (15 líne nó mar sin) a scríobh ar *cheann amháin* de na hábhair seo:

   (i)   Grúpa ceoil (nó ceoltóir) a thaitníonn liom.
   (ii)   Mo chlub óige.
   (iii)   Maidin Dé Luain i mo theachsa.
   (iv)   Scannán maith a chonaic mé.

NÓ

(b)

Is iad Liam agus Órlaith na daoine óga sna pictiúir thuas. Scríobh an *cuntas* is
dóigh leat a bheadh ag Liam ina dhialann, nó ag Órlaith ina dialann, ar na
himeachtaí atá léirithe thuas.
[Is leor 15 líne nó mar sin i do fhreagra.]

6.

Ceist 3.

Freagair (*a*) **nó** (*b*) anseo.

(a) **Alt** gairid (15 líne nó mar sin) a scríobh ar *cheann amháin* de na hábhair seo:

    (i)   Mo scoil féin.

    (ii)   Cluiche ar ghlac mé páirt ann.

    (iii) Peata atá agam.

NÓ

(b)

Is iad Diarmaid agus Caitlín na daoine óga sna pictiúir thuas. Scríobh an **cuntas** is dóigh leat a bheadh ag Diarmaid ina dhialann, nó ag Caitlín ina dialann, ar na himeachtaí atá léirithe thuas.

[Is leor 15 líne nó mar sin i do fhreagra.]

7.

SCRÚDÚ AN TEASTAIS SHÓISEARAIGH, 1994

Ceist 3.

Freagair (*a*) *nó* (*b*) anseo.

(a) *Alt* gairid (15 líne nó mar sin) a scríobh ar *cheann amháir* de na hábhair seo:

  (i)   Pearsa spóirt (nó foireann spóirt) a thaitníonn liom.
  (ii) Mar a chaithim m'airgead póca.
  (iii) Ceolchoirm a chonaic mé.
  (iv) Tinneas a bhí orm.

NÓ

(b)

Is iad Sorcha agus Ruairí na daoine óga sna pictiúir thuas. Scríobh an **cuntas** is dóigh leat a bheadh ag Sorcha ina dialann, nó ag Ruairí ina dhialann, ar na himeachtaí atá léirithe thuas.
[Is leor 15 líne nó mar sin i do fhreagra.]

8.

Ceist 3.

Freagair (*a*) *nó* (*b*) anseo.

(a) *Alt* gairid (15 líne nó mar sin) a scríobh ar *cheann amháin* de na hábhair seo:

    (i)   An cluiche is fearr liom.

    (ii)   Cuairt ar an bhfiaclóir.

    (iii) An Nollaig i mo theachsa.

    (iv) Obair bhaile.

NÓ

(b)

Is iad Cáit agus Dónall na daoine óga sna pictiúir thuas. Scríobh an *cuntas* is dóigh leat a bheadh ag Cáit ina dialann, nó ag Dónall ina dhialann, ar na himeachtaí atá léirithe thuas.

[Is leor 15 líne nó mar sin i do fhreagra.]

9.

SCRÚDÚ AN TEASTAIS SHÓISEARAIGH, 1995

Ceist 3.

Freagair (*a*) *nó* (*b*) anseo.

(a) **Alt** gairid (15 líne nó mar sin) a scríobh ar *cheann amháin* de na hábhair seo:

    (i)   Caitheamh aimsire atá agam.

    (ii)   An Nollaig i mo theachsa.

    (iii)   An áit ina bhfuil mé i mo chónaí.

    (iv)   Mo chara.

NÓ

(b)

Is iad Aisling agus Niall na daoine óga sna pictiúir thuas. Scríobh an **cuntas** is dóigh leat a bheadh ag Aisling ina dialann, nó ag Niall ina dhialann, ar na himeachtaí atá léirithe thuas.

[Is leor 15 líne nó mar sin i do fhreagra.]

201

10.

Ceist 3.

Freagair (*a*) **nó** (*b*) anseo.

(a) **Alt** gairid (15 líne nó mar sin) a scríobh ar *cheann amháin* de na hábhair seo:

    (i)   Mar a chaith mé lá fliuch sa bhaile.

    (ii)   Club óige ina bhfuil mé.

    (iii) An spóirt is fearr liom.

    (iv) Cuairt a thug mé ar an zú.

NÓ

(b)

Is iad Pádraig agus Máirín na daoine óga sna pictiúir thuas. Scríobh an **cuntas** is dóigh leat a bheadh ag Pádraig ina dhialann, nó ag Máirín ina dialann, ar na himeachtaí atá léirithe thuas.

[Is leor 15 líne nó mar sin i do fhreagra.]

11.

SCRÚDÚ AN TEASTAIS SHÓISEARAIGH, 1996

Ceist 3.

Freagair (*a*) **nó** (*b*) anseo.

(a) **Alt** gairid (15 líne nó mar sin) a scríobh ar *cheann amháin* de na hábhair seo:

   (i)   An leabhar is fearr a léigh mé.

   (ii)   Timpiste bhóthair a chonaic mé.

   (iii) Bronntanas deas a fuair mé.

   (iv) Peata atá agam sa bhaile.

NÓ

(b)

Is iad Bríd agus Cian na daoine óga sna pictiúir thuas. Scríobh an **cuntas** is dóigh leat a bheadh ag Bríd ina dialann, nó ag Cian ina dhialann, ar na himeachtaí atá léirithe thuas.

[Is leor 15 líne nó mar sin i do fhreagra.]

Aonad 1

Cluastuiscint, 1995 (lch 11–15)

Cuid A

An chéad chainteoir
Sé bliana déag [16].
I gConamara.
Peil, eitpheil.
Ceol traidisiúnta.

An dara cainteoir
Dún na nGall.
Naoi [9] n-ábhar.
Miotalóireacht, líníocht.
Béarla, stair.

An tríú cainteoir
San ospidéal.
Ar scoil.
Lá spóirt.

Cuid B

Fógra 1
1. (*c*).
2. Cáca speisialta.

Fógra 2
1. (*b*).
2. Dé hAoine, a cúig a chlog (5:00).

Fógra 3
1. (*d*).
2. (i) Ceirníní, téipeanna, (ii) ticéad do chluiche idirnáisiúnta agus na físeáin is déanaí.

Cuid C

Comhrá 1
1. (*d*).
2. 6 Sráid na Siopaí, Ceatharlach.

Comhrá 2
1. (*a*).
2. £200, bráisléad luachmhar, cártaí bainc.

Comhrá 3
1. (*c*).
2. Fliuch báite.

Cuid D

Píosa 1
1. Cill Dara.
2. Trí mhilliún punt [£3,000,000].

Píosa 2
1. (*a*).
2. Dé hAoine.

Píosa 3
1. (*d*).
2. Ollmhargadh, séipéal, an trá.

Cluastuiscint, 1994 (lch 15–20)

Cuid A

An chéad chainteoir	*An dara cainteoir*	*An tríú cainteoir*
Ocht mbliana déag [18].	I gContae Lú.	Raidió na Gaeltachta i
I gContae Ciarraí.	I Meiriceá.	gConamara.
Beirt.	Ceol; damhsa; dioscó.	Ceol agus spórt.
Múinteoir is ea é.	Thaitin.	Meiriceá.

Cuid B

Fógra 1	*Fógra 2*	*Fógra 3*
1. (*c*).	1. (*d*).	1. (*b*).
2. Ceithre sheomra [4].	2. An tseachtain seo	2. Caoga punt [£50].
	caite.	

Cuid C

Comhrá 1	*Comhrá 2*	*Comhrá 3*
1. (*a*).	1. (*d*).	1. (*c*).
2. I dteach Bhríd.	2. Le sliotar nuair a bhí	2. Tá sé ag imirt peile i
	sé ag imirt	nGaillimh.
	iománaíochta.	

Cuid D

Píosa 1	*Píosa 2*	*Píosa 3*
1. Chuir siad taispeántas	1. (*a*).	1. (*c*).
faisin ar siúl.	2. Trí cinn [3].	2. Maraíodh í.
2. Mike Murphy.		

Cluastuiscint, 1993 (lch 20–24)

Cuid A

An chéad chainteoir	*An dara cainteoir*	*An tríú cainteoir*
Seacht mbliana déag	Gorm.	Contae Chorcaí.
[17].	Coláiste Naomh Eoin.	Feirmeoir.
Dochtúir.	Eolaíocht; Béarla.	Snámh; iascaireacht.
Camógaíocht; cispheil.	Fraincis; tráchtáil.	
Ceol traidisiúnta; an		
veidhlín.		

Cuid B

Fógra 1	*Fógra 2*	*Fógra 3*
1. (*c*).	1. (*b*).	1. (*c*).
2. Gabriel Byrne.	2. Sé mhíle punt [£6,000].	2. (i) Snámh, galf, (ii) leadóg.

Cuid C

Comhrá 1	*Comhrá 2*	*Comhrá 3*
1. (*d*).	1. (*a*).	1. (*c*).
2. Bhuail Seán an claí.	2. Te agus grianmhar.	2. Go dtí an siopa.

Cuid D

Píosa 1	*Píosa 2*	*Píosa 3*
1. (*b*).	1. (*c*).	1. Sé bliana déag [16].
2. A deich a chlog [10:00] aréir.	2. Cathair na Mart, Contae Mhaigh Eo.	2. Ráth Cairn.

Cluastuiscint, 1992 (lch 24–29)

Cuid A

An chéad chainteoir	*An dara cainteoir*	*An tríú cainteoir*
Seacht mbliana déag [17].	Dubh.	Dé Luain.
Deirfiúr amháin [1].	Triúr [3].	Meánscoil Mhuire.
Gaeilge; Fraincis.	Múinteoir is ea í.	Eolaíocht; ealaín.
An Fhrainc.		Madra.

Cuid B

Fógra 1	*Fógra 2*	*Fógra 3*
1. (*d*).	1. (*b*).	1. (*c*).
2. An amharclann, (01) 771717.	2. Ag meán oíche.	2. Punt (amháin) [£1].

Cuid C

Comhrá 1	*Comhrá 2*	*Comhrá 3*
1. (*c*).	1. (*a*).	1. (*c*).
2. Duine i gcathaoir rothaí a raibh air gach rud a dhéanamh lena chos chlé.	2. Iad a thiomáint chuig an gcóisir agus abhaile ina dhiaidh.	2. (i) Bhí áthas orthu; cairdiúil le chéile; (ii) daoine ag luascadh agus ag ceol le chéile.

Cuid D

Píosa 1
1. Fuar, ceathanna troma sneachta.
2. Go breá grianmhar.

Píosa 2
1. (*b*).
2. Triúr [3].

Píosa 3
1. (*d*).
2. Bhí sé i bPáirc an Chrócaigh.

Cluastuiscint, 1991 (lch 29–33)

Cuid A

An chéad chainteoir
Trí bliana déag [13].
Gorm.
Tíreolaíocht; ealaín; Fraincis.
Feadóg stáin; giotár.

An dara cainteoir
Fionn.
Gaeilge; Béarla; Fraincis; eolaíocht.
Rothaíocht; peil Ghaelach; damhsa dioscó; léitheoireacht.

An tríú cainteoir
Contae Dhún na nGall.
Sa tríú bliain.
Matamaitic; eolaíocht; stair.
Cispheil; leadóg; sacar; leadóg bhoird.

Cuid B

Fógra 1
1. (*c*).
2. Peil; cispheil; snámh; leadóg; ag dreapadh sléibhte.

Fógra 2
1. (*b*).
2. Dhá phunt [£2].

Fógra 3
1. Dé Céadaoin.
2. (*c*).

Cuid C

Comhrá 1
1. Ceithre cinn [4].
2. Thart ar a naoi a chlog [9:00].

Comhrá 2
1. A seacht a chlog [7:00] ar maidin.
2. Scriosadh an scoil; bhris dream isteach inti; rinne siad damáiste uafásach.

Comhrá 3
1. (*d*).
2. Tá sí ag teacht chuici féin go breá anois.

Cuid D

Píosa 1
1. (*a*).
2. I stáisiúin na nGardaí, Lios Tuathail.

Píosa 2
1. (*b*).
2. Beirt.

Píosa 3
1. Éire agus Sasana.
2. Scóráil sé cúl.

Aonad 2

Léamhthuiscint (lch 37–60)

1 (lch 37)

Uimhir	Litir
1	L
2	D
3	G
4	C
5	F
6	B
7	H
8	J
9	A
10	E

2 (lch 38)

Uimhir	Litir
1	J
2	I
3	H
4	G
5	A
6	E
7	F
8	C
9	D
10	B

3 (lch 39)

Uimhir	Litir
1	E
2	D
3	B
4	H
5	C
6	G
7	J
8	I
9	A
10	F

4 (lch 40)

Uimhir	Litir
1	H
2	J
3	G
4	B
5	F
6	I
7	A
8	E
9	C
10	D

5 (lch 41)

Uimhir	Litir
1	D
2	G
3	I
4	F
5	J
6	H
7	C
8	B
9	E
10	A

6 (lch 42)

Uimhir	Litir
1	E
2	H
3	I
4	A
5	J
6	C
7	F
8	B
9	G
10	D

7 (lch 43)

Uimhir	Litir
1	F
2	J
3	I
4	G
5	C
6	A
7	H
8	B
9	E
10	D

8 (lch 44)

Uimhir	Litir
1	G
2	F
3	E
4	H
5	J
6	C
7	B
8	D
9	I
10	A

9 (lch 45)

Uimhir	Litir
1	D
2	I
3	F
4	J
5	H
6	A
7	E
8	F
9	B
10	C

10 (lch 46)

Uimhir	Litir
1	G
2	F
3	E
4	H
5	D
6	C
7	B
8	A
9	J
10	I

11 (lch 47)

Uimhir	Litir
1	H
2	D
3	C
4	F
5	G
6	A
7	I
8	J
9	B
10	E

12 (lch 48)

Uimhir	Litir
1	J
2	H
3	F
4	G
5	I
6	A
7	B
8	C
9	D
10	E

13 (lch 49)

Uimhir	Litir
1	E
2	I
3	F
4	J
5	G
6	H
7	D
8	C
9	A
10	B

14 (lch 50)

Uimhir	Litir
1	D
2	F
3	J
4	H
5	C
6	B
7	E
8	A
9	G
10	I

15 (lch 51)

Uimhir	Litir
1	C
2	D
3	A
4	H
5	I
6	J
7	B
8	G
9	F
10	E

16 (lch 52)   **17** (lch 53)   **18** (lch 54)   **19** (lch 55)   **20** (lch 56)

Uimhir	Litir
1	J
2	D
3	F
4	H
5	G
6	I
7	C
8	A
9	E
10	B

Uimhir	Litir
1	D
2	F
3	C
4	J
5	A
6	H
7	B
8	I
9	E
10	G

Uimhir	Litir
1	D
2	J
3	F
4	G
5	I
6	H
7	B
8	A
9	E
10	C

Uimhir	Litir
1	F
2	E
3	G
4	H
5	I
6	J
7	C
8	D
9	A
10	B

Uimhir	Litir
1	D
2	E
3	G
4	H
5	A
6	I
7	J
8	B
9	F
10	C

21 (lch 57)   **22** (lch 58)   **23** (lch 59)   **24** (lch 60)

Uimhir	Litir
1	D
2	J
3	I
4	H
5	G
6	B
7	A
8	C
9	F
10	E

Uimhir	Litir
1	D
2	E
3	J
4	C
5	G
6	H
7	I
8	F
9	B
10	A

Uimhir	Litir
1	C
2	H
3	D
4	J
5	G
6	E
7	I
8	F
9	B
10	A

Uimhir	Litir
1	E
2	G
3	H
4	F
5	I
6	C
7	J
8	D
9	A
10	B

Aonad 3

Fógra 1 (lch 65)

(i)   Rásaí trastíre, cluiche páirce (peil, sacar, haca, srl.).

(ii)   Chuig páistí na Rómáine.

(iii)   Niamh Bhreathnach, Dé Domhnaigh, 2:30 p.m.

(iv)   Díolachán earraí ar son Goal.

(v)   I bPobalscoil Chiaráin, 10–13 Bealtaine.

(vi)   Lá breithe na scoile a bheas ann.

Fógra 2 (lch 66)

(i)   Turas stairiúil; béile; léacht faoi dhaoine cáiliúla.

(ii)   Cluiche peile; tarraingt na téide; cath na mbád; rás 1,500 méadar.

(iii)   Go Tobar Phádraig, 10:30.

(iv)   Ar an loch.

(v)   18:00.

(vi)   Deoch an dorais; fágáil slán ag uachtarán an choláiste.

Fógra 3 (lch 67)

(i)   Amparán mór Nollag.

(ii)   19 Nollaig, 5:30 p.m.

(iii)   I mBialann an Bhóluisce, an Spidéal.

(iv)   Ó na Forbacha go Casla.

(v)   I Zhivago nó Smyth's Toys Superstores.

(vi)   In Indreabhán.

Fógra 4 (lch 68)
(i) In Inis Oírr.
(ii) Bheith idir 12 agus 14 bliain d'aois; cumas maith labhartha; suim sa Ghaeilge.
(iii) Scoláireacht bliain amháin atá i gceist.
(iv) Comhar Chaomháin Tta.
(v) 1994/95.
(vi) Ón mbainisteoir, Comhar Chaomháin Tta.

Fógra 5 (lch 69)
(i) Fáilte oifigiúil; céilí-dioscó na n-óg; comórtais scoraíochta.
(ii) Cluichí raicéid; cluichí trá; peil; camógaíocht.
(iii) Oíche Aoine, rock-cheol.
(iv) Dé Luain, 3:00 p.m.
(v) I Halla Éinde, an Cheathrú Rua.
(vi) Club Óige Chrónáin.

Fógra 6 (lch 70)
(i) Ag Cuan Oilí, Béal an Mhuirthead.
(ii) £250.
(iii) Ochtar [8].
(iv) Cúig cinn [5].
(v) £60.
(vi) Seoltóireacht toinne; curachóireacht; seoltóireacht; céilithe.

Fógra 7 (lch 71)
(i) Múinteoir curachóireachta.
(ii) Cumas maith curachóireachta; ardchaighdeán Gaeilge.
(iii) I gCléire, Contae Chorcaí.
(iv) Giolla.
(v) Árasán saor in aisce.
(vi) Ó Shéamas Ó Drisceoil, Cléire.

Fógra 8 (lch 72)
(i) Eoghan Ó Curraighín.
(ii) An chéad duais san agallamh beirte.

(iii) I mBaile Átha Cliath.
(iv) Noel Ó Gallchóir.
(v) An chéad duais sa seó ardáin.
(vi) An chéad duais san amhránaíocht ar an sean-nós.

Fógra 9 (lch 73)
(i) Díospóireacht; tráth na gceist; scannán *Ros na Rún*.
(ii) Comórtas amhránaíochta; ceolchoirm; céilí mór.
(iii) Dé hAoine, mar gheall ar thuras scoile.
(iv) Cynthia Ní Mhurchú, 9–10 r.n., Dé Máirt.
(v) Go Ráth Cairn.
(vi) Comórtas amhránaíochta; dráma *Tír na nÓg*.

Fógra 10 (lch 74)
(i) MRBI.
(ii) Trí mhí.
(iii) Seoladh soiléir; uimhreacha cheantar poist Bhaile Átha Cliath a úsáid; litreacha a chur sa phost go luath.
(iv) An tseirbhís a fheabhsú.
(v) 1,511.
(vi) Breis poist i mí na Nollag.

Fógra 11 (lch 75)
(i) Ó HMV agus ó shiopaí ceirníní i ngach áit.
(ii) Hothouse Flowers, The Four of Us, Something Happens, Moving Hearts, the Stunning.
(iii) £30.
(iv) Staid Semple, Durlas.
(v) 1:00 p.m.
(vi) Daoine a bhfuil ticéad acu.

Fógra 12 (lch 76)
(i) 35 Sráid na Mainistreach Íoch., Baile Átha Cliath 1.
(ii) Is féidir suíocháin a chur in

áirithe do gach saghas taistil traenach agus do thaisteal cóiste.

(iii) 8363333.

(iv) 7031888.

(v) 8363333.

(vi) Suíocháin do shaoire 'Railbreak' a chur in áirithe.

Fógra 13 (lch 77)

(i) Dioscó-chéilí; taispeántas faisin; damhsa.

(ii) Paráid bhréagéadaigh; ceolchoirm; comórtas damhsa agus ceoil.

(iii) Dé Máirt. Sa linn snámha agus ar an loch.

(iv) Ar an loch. 7–10 p.m.

(v) Bronnadh duaiseanna.

(vi) I nGleann na bPoc.

Fógra 14 (lch 78)

(i) Gateshead, Sasana.

(ii) Ó thraenálaí.

(iii) Na scannáin; ag iascaireacht; leadóg; ag seinm an orgáin; ag canadh le meaisíní karaoke.

(iv) Lasagne agus gliomach.

(v) Beirt.

(vi) In áras mór i Hertfordshire.

Fógra 15 (lch 79)

(i) Ceirníní Therapy; leabhair World Cup; T-léinte World Cup.

(ii) Éisteacht le Raidió na Gaeltachta idir 4:30 agus 6:00 ar an Aoine.

(iii) *The Official Green Army Joke Book.*

(iv) Dé hAoine.

(v) 'Craic na hAoine' ar Raidió na Gaeltachta.

(vi) (01) 2839709.

Fógra 16 (lch 80)

(i) Rúnaí na scoile.

(ii) I mbialann Uí Ghallchóir, Sráid Uí Chonaill.

(iii) In éide na scoile.

(iv) 8:30.

(v) Ar an Ardmhúsaem agus ar an zú.

(vi) £5.

Fógra 17 (lch 81)

(i) An Ghearmáin.

(ii) 1966.

(iii) Berti Vogts.

(iv) 148 milliún.

(v) An Ísiltír.

(vi) An Bhruiséil.

Fógra 18 (lch 82)

(i) An Spidéal, Contae na Gaillimhe.

(ii) T-léinte agus geansaithe spraoi.

(iii) £4.50.

(iv) Le seic, le hordú poist, nó le cárta Visa nó Access.

(v) Liath nó dubh.

(vi) (091) 83343.

Fógra 19 (lch 83)

(i) Mar go bhfuil sé sa choill.

(ii) San ollmhargadh.

(iii) Meaisíní níocháin; triomadóirí éadaigh; iarainn leictreacha.

(iv) Tríocha [30].

(v) Seomra spraoi.

(vi) I mBaile an Doire, Contae Thiobraid Árainn.

Fógra 20 (lch 84)

(i) In Óstán na Carraige, ar 12:30.

(ii) Comórtas tarraingt na téide; taispeántas shábháil sléibhe; cluiche sacair.

(iii) In Óstán na Carraige, ar 9:00.

(iv) Léacht ar thíreolaíocht an cheantair agus cuairt ar an seanchaisleán.

(v) Dúnadh na féile.

(vi) An tUachtarán, Déardaoin, 1:30.

Fógra 21 (lch 85)
(i)   Dé Luain 17 Iúil.
(ii) Ar an Life, Dé Máirt, 4:30.
(iii) Cluiche peile is cluiche iomána, cluiche sacair, damhsa do dhaoine fásta.
(iv) Dúnadh na féile agus bronnadh na nduaiseanna.
(v)   Cluiche peile; cluiche iomána; agus rás.
(vi) Mórshiúl na mbannaí ceoil; comórtas rince.

Fógra 22 (lch 86)
(i)   £45.
(ii) Ráithe in aisce.
(iii) Ó Roinn na Síntiús, 'Lá', Bóthar na bhFál, Béal Feirste 12.
(iv) £25.
(v)   Ráithe.
(vi) Béal Feirste.

Fógra 23 (lch 87)
(i)   Mar go bhfuil sé ag bun Shléibhte Chill Mhantáin.
(ii) Calóga arbhair; ispíní; bagún; ubh fhriochta; tósta; marmaláid.
(iii) Lón A. Stéig mhairteola.
(iv) £4.95.
(v)   Sailéad bhia mara; stéig mhairteola; sceallóga; císte seacláide; tae nó caife.
(vi) 7–11 p.m.

Fógra 24 (lch 88)
(i)   I dTeach Mealóg, Baile Átha Cliath.
(ii) An Ghaeilge, an Fhraincis, an Ghearmáinis.
(iii) Ranganna sa chaint, sa chomhrá, sa ghramadach, agus aistí.
(iv) £125 agus £180.
(v)   4900866.
(vi) Tráth na gceist; amhránaíocht; cluichí.

Fógra 25 (lch 89)
(i)   'An Meangadh Mór'; an nuacht; 'Buail Amach'; nuacht agus aimsir; 'An Gob Fliuch'; 'Fios Feasa'; 'Ceolta Cruinne'.
(ii) 6:30.
(iii) Ar fud cheantar Bhaile Átha Cliath agus thuaisceart Laighean.
(iv) 'Idir Eatarthu'.
(v)   7:30.
(vi) 'Saoire Saoire'.

Fógra 26 (lch 90)
(i)   Mar tá sé in aice na farraige.
(ii) Leadóg agus galf.
(iii) Sa linn snámha agus san fharraige.
(iv) Óna bhfeirm féin.
(v)   Sa Rinn, Contae Phort Láirge.
(vi) Teilifíseán, raidió, agus teileafón.

Fógra 27 (lch 91)
(i)   Contae Dhún na nGall.
(ii) Seán Mac Suibhne.
(iii) Le cinntiú go bhfuil gach rud mar is cóir.
(iv) Ar maidin.
(v)   £215.
(vi) Cluichí.

Fógra 28 (lch 92)
(i)   7 Cearnóg Mhuirfean, Baile Átha Cliath 2.
(ii) *Leabhar Iomann*; *Leabhar Urnaí*; *An Tiomna Nua*; *Ord na Comaoineach Naofa*.
(iii) In Indreabhán, Contae na Gaillimhe.
(iv) Dialann imeachtaí Gaeilge.
(v)   (091) 93307.
(vi) Catalóg Chló Iar-Chonnachta.

Fógra 29 (lch 93)

(i)   Seanchaisleán atá sa phictiúr, agus sin an t-ainm atá ar an mbialann.

(ii)   Mairteoil; muiceoil; circeoil.

(iii)   Sútha talún agus uachtar, píóg úll agus uachtar.

(iv)   (091) 93021.

(v)   £0.75.

(vi)   Dé Luain.

Aonad 4

Dán 1 (lch 96)

(i)   Tá sé ag deisiú cannaí stáin.

(ii)   Tá a hata stróicthe agus tá poill ina hata.

(iii)   Tá sé ag cuardach capall strae.

(iv)   Tá sí ag bailiú adhmaid is ag déanamh tine.

(v)   Tá sé meidhreach agus aerach.

(vi)   Tá sé ag déanamh cannaí.

Dán 2 (lch 97)

(i)   Bhí caipín ar a cheann agus bhí dúidín ina bhéal.

(ii)   Meán lae.

(iii)   Bhí sí ag seinm ceoil.

(iv)   Bhí sé amuigh sa tsráid.

(v)   Bhí sí ag éisteacht léi féin.

(vi)   Lá te a bhí ann.

Dán 3 (lch 98)

(i)   Ag éisteacht le bóthar agus le daoine.

(ii)   Tinteán gan tine.

(iii)   Smaointe atá ag teastáil.

(iv)   Bhí siad ag síorbhualadh bóthair.

(v)   Mar bhí tinteán gan tine agus a n-aigne rompu.

(vi)   Tá siad ag smaoineamh ar an mbóthar.

Dán 4 (lch 98)

(i)   Tá sé ar chúl an tí.

(ii)   Áit álainn é atá trína chéile.

(iii)   Gadhar [madra] agus cat.

(iv)   Teanga nár thuig aon duine ach Aesop.

(v)   Bíonn sé ag drannadh le gach aon duine.

(vi)   Tá Aesop sa chré anois (tá sé marbh).

Dán 5 (lch 99)

(i)   Máistir Seoirse.

(ii)   Caitín bán atá aige mar pheata.

(iii)   Mar ní áit é an scoil do pheata ach do cheachta [cheachtanna].

(iv)   Buachaill deas é.

(v)   Áit do cheachta [cheachtanna] gránna is ea an scoil.

(vi)   Bán.

Dán 6 (lch 100)

(i)   Cloiseann sé na coisithe.

(ii)   An daoine iad nach bhfuil sona? An anamna i bponc iad?

(iii)   Mar tá an oíche dorcha.

(iv)   Oíche chiúin dhorcha.

(v)   Níl.

(vi)   Níl [Ní fios cá bhfuil a gcuaird].

Dán 7 (lch 101)

(i)   Ar tír is ar muir.

(ii)   Bíonn sé go hard amuigh.

(iii)   An bád is an long.

(iv)   San oíche.

(v)   Beireann sé go héascaidh [héasca] iad.

(vi)   Bíonn sé ag séideadh.

Dán 8 (lch 101)

(i)   Fuair sé faoistin.

(ii)   Ní bhfuair sí faoiseamh.

(iii)   Ní bhfuair sí tuiscint.

(iv)   Buidéal.

(v)   Fuair sí eolas uathu.

(vi)   Ní dúirt.

Dán 9 (lch 102)
(i) Bhí siad ina luí.
(ii) Ghoid sé a bhfístaifeadán nua.
(iii) Tá Mam sásta faoin scéal seo.
(iv) Duine gránna.
(v) Bhí siad ag ithe.
(vi) Ní aontaíonn siad léi.

Dán 10 (lch 103)
(i) Na francaigh agus na lucha.
(ii) Bíonn sé go ciúin.
(iii) Oíche éigin.
(iv) Bíonn sé amuigh san oíche dhubh.
(v) Buí.
(vi) An t-ulchabhán.

Dán 11 (lch 103)
(i) Chuaigh sé ar strae.
(ii) An teach; cró na mbó; an scioból; an t-úllghort [úllord]; an garraí.
(iii) Bhí sé faoin gcarr.
(iv) Mar chuaigh a mhadra ar strae.
(v) Bhí sé dubh le spota donn.
(vi) Tar éis an tae.

Dán 12 (lch 104)
(i) D'fhiafraigh sé de cén fáth a raibh sé brónach.
(ii) D'fhiafraigh sé de cé a dúirt go raibh sé ag déanamh bróin.
(iii) D'fhiafraigh sé de cad a bhí ar siúl aige.
(iv) Dúirt sé go raibh sé ag ithe a lóin.
(v) Ceathrú tar éis a ceathair san iarnóin.
(vi) Dúirt sé go raibh sé ina shuí air.

Dán 13 (lch 105)
(i) Sheas sé ar an bpáirc.
(ii) Contae Mhaigh Eo.
(iii) Tagann an aois mar ghadaí.
(iv) Sna laethanta fadó.

(v) Bhris an aois a chnámh.
(vi) Bhuaigh sé na cluichí ba chruaidh [chrua].

Dán 14 (lch 106)
(i) Tríocha fear ag bualadh báire.
(ii) Dhá fhoireann.
(iii) Ar pháirc mhór ghlas.
(iv) An sliotar.
(v) Bíonn camáin á luascadh.
(vi) Tríocha fear.

Dán 15 (lch 106)
(i) Fuair sé bás.
(ii) Deartháir do Sonny ba ea é.
(iii) Chuirfeadh sí ar buile é ag útamáil lena bata sa tine.
(iv) Chónaigh sé ar bharr an chnoic.
(v) Solas, uisce, agus gréithre [gréithe].
(vi) Cáil na draíochta. Chuirfeadh sí an tarbh ar buile.

Dán 16 (lch 107)
(i) Ar eagla go bhfeicfeadh sé an teach inar tógadh é.
(ii) Bhí eagla air.
(iii) An strainséir.
(iv) A mháthair.
(v) Sa tráthnóna.
(vi) Bhí racht ina chléibh [chliabh].

Dán 17 (lch 108)
(i) Donn, geal, agus rua.
(ii) Ar bharra na gcrann agus ar fud cuibhreann is coillte.
(iii) Trí na sráideanna dobhair.
(iv) Ar an Life.
(v) Lá ceoch fómhair.
(vi) Bhí siad ag seoladh le sruth.

Dán 18 (lch 109)
(i) An bacach.
(ii) Chonaic sé é ag cúinne sráide.
(iii) Bhí an bháisteach ann agus bhí sé fuar.

(iv) Bhí a phíb bheag ina lámh agus maide faoina ascaill.

(v) Bheadh sé buíoch de.

(vi) An bháisteach dhubh.

Dán 19 (lch 109)

(i) Titim na hoíche atá i gceist.

(ii) Ag dul abhaile.

(iii) Tá siad ag díol an nuachtáin.

(iv) Mar tá na daoine ag dul abhaile.

(v) Mar ba mhaith leo dul abhaile.

(vi) Beidh dordán mórthimpeall.

Dán 20 (lch 110)

(i) Tháinig spásfhirín isteach.

(ii) Mar bhí sé stiúgtha [Bhí ocras air].

(iii) Ceapaire feola; pláta pónairí; sailéad agus rís.

(iv) Tháinig sé díreach anuas ón spéir.

(v) An nuacht.

(vi) D'ailp sé siar an bia.

Aonad 5

Sliocht 1 (lch 116)

(i) Bhí uaigneas air agus bhraith sé a chairde agus a mhuintir uaidh.

(ii) Cheap sé go raibh sé róbheag do na tosaithe nó do lár na páirce ach go raibh an-luas agus an-chumas aige.

(iii) Mel Sterland.

(iv) Johnny agus Claire Kelly.

(v) Coláiste Pobail San Oilbhéar i nDroichead Átha.

(vi) Ní bhíonn.

(vii) An Teastas Sóisearach.

(viii) Na Wolfe Tones.

(ix) D'imir sé le Home Farm.

(x) Trí bliana.

Sliocht 2 (lch 117)

(i) In Amharclann Choláiste Mhuire, Cearnóg Parnell.

(ii) *Idir Dhá Shorcas.*

(iii) Tom McIntyre.

(iv) Contae Mhuineacháin, Contae Dhún na nGall, Béal Feirste, an tIúr (Contae an Dúin).

(v) Trí ghlaoch ar Threasa Nic Dhonncha ag an uimhir (091) 574146.

(vi) Aisteoirí Chúil Aodha.

(vii) Liam Ó Mathúna.

(viii) Léireofar trí dhráma.

(ix) Cabhróidh sé leis an gcóragrafaíocht.

(x) *Le Cuimhne na nDaoine.*

Sliocht 3 (lch 118)

(i) Virgin.

(ii) Beidh sé ag teacht amach níos moille sa bhliain.

(iii) Frankie Kennedy.

(iv) In omós do Frankie Kennedy agus chun ceiliúradh a dhéanamh ar a chuid ceoil.

(v) Tá siad ar chamchuairt Eorpach.

(vi) Sárghrúpa traidisiúnta.

(vii) D'éirigh go han-mhaith leis.

(viii) Le Green Linnet.

(ix) Liam Ó Maonlaí; Steve Cooney; Séamus Begley; Sharon Shannon; Dónal agus Manus Lunny; Máire Ní Bhraonáin; Maighréad Ní Dhomhnaill.

(x) Chuir siad an chuid is fearr dá gcuid ceoil ar fhadcheirnín amháin.

Sliocht 4 (lch 119)

(i) Mar gheall ar fhoilsiú a úrscéil is déanaí.

(ii) 1993.

(iii) I mBaile Átha Cliath.

(iv) *The Woman Who Walked Into Doors.*

(v) 1987.

(vi) *Paddy Clarke Ha Ha Ha.*

(vii) *Brownbread* agus *War.*

(viii) *The Van.*

(ix) 'Family'.

(x) Coláiste na hOllscoile, Baile Átha Cliath.

Sliocht 5 (lch 120)

(i) Toisc go bhfuair an t-athair post nua in Alaska.

(ii) Thit Spook isteach san fharraige.

(iii) Mar go raibh an t-uisce chomh fuar san áit inar thit Spook isteach.

(iv) Mar chuir siad fógraí sna nuachtáin go léir.

(v) Bhí a chosa gearrtha agus ní raibh ann ach an craiceann agus na cnámha.

Sliocht 6 (lch 121)

(i) 'All I Want to Know'.

(ii) 'Níl ionat ach préachán.'

(iii) 'Beat Box'.

(iv) Ocht mbliana ó shin.

(v) Ar stáisiúin raidió ceoil.

(vi) I gKennet sna Stáit Aontaithe.

(vii) Bhíodh sí ag canadh ghliogáin cheoil dóibh.

(viii) Chaith sí tréimhse mar amhránaí le grúpa Michael Jackson.

(ix) Go raibh Michael Jackson i ngrá léi.

(x) Ní raibh.

Sliocht 7 (lch 122)

(i) Leabhar faoina shaol.

(ii) Wayne McCullogh.

(iii) I bPáirc Uí Chaoimh.

(iv) I gclub an Albert Foundry i mBéal Feirste.

(v) Fuair sé dhá bhua ar Chris Eubank.

(vi) Bhuaigh sé bonn airgid.

(vii) Ocht dtroid déag.

(viii) 'The Pocket Rocket' an leasainm atá air.

(ix) Bhuaigh sé bonn óir.

(x) Ed Tinley atá ag cabhrú leis.

Sliocht 8 (lch 123)

(i) I gColáiste na hOllscoile, Gaillimh.

(ii) I nGort an Choirce, Contae Dhún na nGall.

(iii) Gaeilge, Fraincis, Rúisis.

(iv) Rinne sé staidéar ar an léann Ceilteach.

(v) *Súile Shuibhne.*

(vi) *Mairimid leis na Mistéirí* agus *Tá an Tóin ag Titim as an tSaol.*

(vii) Bhí sé ina scríbhneoir cónaitheach in Ollscoil Uladh agus in Ollscoil na Ríona.

(viii) D'fhreastail sé ar Ghairmscoil Ghort an Choirce.

(ix) Sa bhliain 1993.

(x) Cló Iar-Chonnachta.

Sliocht 9 (lch 124)

(i) 'Craic na hAoine'.

(ii) Eagarthóir na hirise [*Mahogany Gaspipe*].

(iii) Léarmheasanna ar na scannáin; na cairteacha; na réaltaí; grúpaí beo; ceol.

(iv) Ceol breá bríomhar.

(v) Natalie; Bláthnaid Rua Ní Chofaigh; Sonya Nic Giolla Easpaig; 'Rave On' Reamonn.

(vi) Freddie Fuisce.

(vii) Idir 4:30 agus 6:00.

(viii) Bíonn na comórtais go han-mhaith.

(ix) Deirtear nach bhfuil aon chiall agat.

(x) Zuncadóir Mac Giolla Zunc.

Sliocht 10 (lch 125)

(i) Ag súgradh le bábóga; ag tabhairt aire dá col ceathrair.

(ii) Bhí cos a mhadra briste.

(iii) Chuir sí cleithín agus bindealán ar chos an mhadra.

(iv) Cheap sí go ndúirt Dia léi go raibh obair speisialta le déanamh aici.

(v) Bhí sí ag obair mar bhanaltra.

Sliocht 11 (lch 126)

(i) Le Brídóg Ní Bhuachalla.

(ii) Seacht mbliana ó shin.

(iii) 'Songs From the Rain' an t-ainm a bhí air.

(iv) Daoine dílse dáiríre is ea iad.

(v) Níl dearcadh na réaltaí acu.

(vi) Na Dubliners, Luka Bloom, Michelle Shocked, agus Rolf Harris.

(vii) Ghlac sé páirt i gcruinniú mór ansin.

(viii) Bhí siad san Astráil.

(ix) Bhuail siad le ceoltóirí Afraiceacha.

(x) In Éirinn.

Sliocht 12 (lch 127)

(i) Ar 28 Nollaig 1982.

(ii) Dhá bhliain déag d'aois a bhí sé.

(iii) Rugadh é i gCromghlinn, Baile Átha Cliath.

(iv) Na Black Eagles.

(v) Ceithre chéad duine agus an scríbhneoir.

(vi) Brian Downey.

(vii) Skid Row; Orphanage; na Black Eagles.

(viii) Brush Shiels agus Gary Moore.

(ix) Sa bhliain 1979.

(x) Decca.

Sliocht 13 (lch 128)

(i) I mí Bealtaine 1984 a tháinig sé.

(ii) D'imigh siad as an uisce.

(iii) Cheap siad nach mbeadh sé sábháilte dul ag snámh nó na páistí a ligean ar an trá.

(iv) Is breá leis bheith ag súgradh leo.

(v) Mar go gceaptar go bhfuil Fungi tar éis breis is 100,000 cuairteoir a mhealladh go dtí an Daingean.

Sliocht 14 (lch 129)

(i) I ndeireadh an chéid seo caite.

(ii) Clóca dorcha ar a ghuaillí agus hata leathan dubh ar a cheann.

(iii) Bhí sé ag smaoineamh ar an leabhar nua *Dracula* a scríobh.

(iv) Fear ait, an tOllamh Vanberry, a chuir scéal Dracula i gcloigeann Bram Stoker.

(v) Mar go mbíodh an oiread sin daoine ag titim i lagar i rith an dráma.

Sliocht 15 (lch 130)

(i) Cuirfear tús leis oíche Shamhna 1996.

(ii) Trí uair an chloig sa ló.

(iii) I mBaile na hAbhann, Contae na Gaillimhe.

(iv) 'Ros na Rún'.

(v) Dráma; spórt; ceol; cúrsaí reatha; cláir do dhaoine óige.

(vi) Proinsias Ní Ghráinne.

(vii) Seirbhís náisiúnta agus réigiúnach.

(viii) Beidh siad ag fáil na cartúin ón iasacht.

(ix) Cláir nua.

(x) Craolfar ceithre oíche sa tseachtain é.

Sliocht 16 (lch 131)

(i) 18 Bealtaine 1935.

(ii) Mianadóir ba ea é.

(iii) D'fhág sé an scoil agus thosaigh sé ag obair sa mhianach.

(iv) Na leithris a ghlanadh agus buataisí na bpeileadóirí eile a shnasú.

(v) Éirí in airde.

Sliocht 17 (lch 132)

(i) Gach Déardaoin.

(ii) Niall Quinn.

(iii) D'imir sé ar fhoireann Bhaile Átha Cliath.

(iv) Kevin Moran.

(v) 'Amhrán na bhFiann'.

Sliocht 18 (lch 133)

(i) I Ráth Cairn, Contae na Mí.

(ii) D'éirigh go han-mhaith leis.

(iii) Kíla; Bréag; an Scadán Rua; Hyperboria.

(iv) Ar 'Cois Life' (Raidió na Gaeltachta) agus ar Raidió na Life.

(v) (01) 7642033.

(vi) 25–27 Samhain.

(vii) Beidh ceithre chraobh ann.

(viii) Go mbeidh féile na bliana seo níos mó agus níos fearr ná anuraidh.

(ix) Ar an deireadh seachtaine deireanach.

(x) Nine Wassies from Bainne, John Spillane, na Fíréin.

Sliocht 19 (lch 134)

(i) Sa *Kilkenny People*.

(ii) I Londain.

(iii) Idir seo agus mí Dheireadh Fómhair na bliana seo.

(iv) I gColáiste Chiaráin.

(v) Tá sé ina chónaí in Osraí [ceantar Chill Chainnigh].

(vi) I mBaile Átha Cliath agus i bhFirenze.

(vii) Mar bhí Ramie Leahy mar dhalta aige.

(viii) Tá sé bródúil as a dhúiche agus as a mhuintir.

(ix) In Éirinn; san Iodáil; san Eilvéis; sna Stáit Aontaithe; agus i gCeanada.

(x) Breis agus scór bliain ó shin.

Sliocht 20 (lch 135)

(i) Fuair François Mitterand bás.

(ii) I Jarnac, atá in oirdheisceart na Fraince.

(iii) Sna tríochaidí.

(iv) Rinne sé tuilleadh dul chun cinn sa pholaitíocht. Chomh maith leis sin bhí sé ina aire deich n-uaire.

(v) Chaith sé dhá théarma mar uachtarán.

(vi) Sa bhliain 1981.

(vii) Bhí ailse ag cur isteach air.

(viii) Le Danielle Gouze.

(ix) Le rialtas Vichy.

(x) Bhí sé pósta ar feadh breis is caoga bliain.

Sliocht 21 (lch 136)

(i) Go léann Gaeilgeoirí níos mó leabhar—i mBéarla.

(ii) 5 faoin gcéad.

(iii) Rinne Fishwick é.

(iv) 150,000.

(v) Go bhfuil Cló Iar-Chonnachta chun líon na leabhar a fhoilsíonn siad a laghdú agus feabhas a chur ar ghnéithe eile.

(vi) Deir sé gurbh fhearr leo leabhair Bhéarla a léamh ná leabhair Ghaeilge.

(vii) Ceapann sé go mb'fhiú do ÁIS siopa leabhar a bheith ar an mbóthar acu.

(viii) Bíonn leabhair Bhéarla á léamh acu.

(ix) Tá gá le ciorcail léitheoireachta a bhunú ar fud na hÉireann.

(x) Rinneadh suirbhé ar nósanna léitheoireachta mhuintir na hÉireann.

Sliocht 22 (lch 137)
(i)   Éire agus Sasana.
(ii)   Fuair sé trí chúl.
(iii) Mar chaith sé £700,000 ag iarraidh Niall a mhealladh go Manchester City.
(iv)   D'imir sé peil Ghaelach agus iománaíocht.
(v)   D'iarr siad air peil Astrálach a imirt.

Sliocht 23 (lch 138)
(i)   Ní bheidh fáilte roimhe san India.
(ii)   Bialann a oscailt i nDelhi.
(iii) An bhó.
(iv)   Tá agóidí móra ar na sráideanna á bpleanáil acu.
(v)   Tá bóithre na príomhchathrach beo le beithígh agus toirmeasc ar dhaoine an ruaig a chur orthu.

Sliocht 24 (lch 139)
(i)   'Get Into You'.
(ii)   Tá sé ag déanamh go maith.
(iii) Kylie.
(iv)   Andrew Hill.
(v)   Peta Brady.
(vi)   Tá sé ag siúl amach le Tina Thomson.
(vii) I bPlanet Hollywood, Londain.
(viii) Brett Blewett agus Eliza Szonzert.
(ix)   Tá siad faoi ocht mbliana déag d'aois.
(x)   Tá triúr pearsana nua in 'Neighbours'.

Sliocht 25 (lch 140)
(i)   Matamaitic; eolaíocht; innealtóireacht.
(ii)   Tháinig fearg air.
(iii) Deirtear go raibh Leonardo ábalta crú capaill a lúbadh idir a lámha.

(iv)   D'oscail sé na cliabháin ina raibh siad agus lig sé saor iad.
(v)   Cheap sé go mbeadh an duine ábalta eitilt chomh maith leis na héin.

Sliocht 26 (lch 141)
(i)   Ag athrú an tsaoil do dhaoine óga áirithe.
(ii)   Ar an eastát tionsclaíochta i gCasla.
(iii) Seisear atá ar an bhfoireann.
(iv)   Tá siad ag déanamh clár cartúin agus faisnéise.
(v)   Baineann siad úsáid as na modhanna táirgthe is nua-aimseartha.
(vi)   Sé chlár is fiche [26].
(vii) Cúig nóiméad.
(viii) Clár cosúil le 'Leitir Fraic'.
(ix)   I gContae na Gaillimhe.
(x)   Tá atmaisféar an-mhaith sa stiúideo agus sna hoifigí.

Sliocht 27 (lch 142)
(i)   25–27 Márta.
(ii)   Josie Sheáin Jeaic Mac Donncha; Sorcha Uí Chonghaile; Áine Ní Laoithe; Lillis Ó Laoire; Rachel Ní Riada.
(iii) Beidh seisiúin amhránaíochta, cheoil agus scéalaíocht ar siúl.
(iv)   Beidh siad ar siúl in ionaid éagsúla sa chathair.
(v)   £15.
(vi)   'Sean-Nós Cois Life'.
(vii) Caiséid dá gcuid amhránaíochta féin.
(viii) Eibhlín Ní Chearnaigh; Páidí Mhártain Mac Gearailt; Seán Mac Craith; Johnny Connolly; Éamonn Ó Conghaile.
(ix)   (01) 2804023.
(x)   As an Rinn.

Sliocht 28 (lch 143)

(i) Méadú ar líon na n-eachtrannach a dhéanann cúrsaí Gaeilge i gColáiste na hOllscoile, Corcaigh.

(ii) 160.

(iii) Cúrsa do ghlantosaitheoirí sa Ghaeilge.

(iv) Teacht ar cuairt chuige Déardaoin seo caite.

(v) Ceanada; na Stáit Aontaithe; an Ghearmáin; an Ísiltír; an Bheilg; an Fhrainc; an Spáinn; an Iodáil.

(vi) Dháréag [12].

(vii) Coláiste na hOllscoile, Corcaigh.

(viii) Máirín Ní Shúilleabháin; Clár Ní Mhuirthile; Alan Ó hEochaidh; Pól Ruiséil.

(ix) Pól Ruiséil.

(x) An Comhairleoir Joe O'Callaghan.

Sliocht 29 (lch 144)

(i) Leabhair a léamh.

(ii) Bhí sí ar cuairt i dteach a carad.

(iii) Mar ní raibh a ghnó á dhéanamh i gceart ag an réiteoir.

(iv) Bhíodh sí ag cluichí rugbaí níos minicí ná a cairde, agus rinne sí corpoideachais agus traenáil speisialta.

(v) Mar tá meas mór uirthi ar fud na Nua-Shéalainne mar réiteoir.

(vi) Fiche a sé [26] bliana d'aois.

(vii) An riail nach bhfuil cead ag bean a bheith i láthair ag béile na n-imreoirí.

Ba chóir duit dianstaidéar a dhéanamh ar na briathra, go mór mór na briathra neamhrialta. You should do a complete revision of the verbs, particularly the irregular verbs. With this in mind I am providing a brief chapter dealing only with the *aimsir chaite, aimsir láithreach* and *aimsir fháistineach* of the verbs.

Na réimnithe

Is féidir na briathra a roinnt ina dtrí ghrúpa, mar seo a leanas:
- *briathra sa chéad réimniú* (verbs in the first conjugation)
- *briathra sa dara réimniú* (verbs in the second conjugation)
- *briathra neamhrialta* (irregular verbs)

Briathra sa chéad réimniú

Níl ach *siolla amháin* sa fhréamh ag briathra sa *chéad réimniú*. (Verbs in the *first conjugation* usually have only *one syllable* in the stem.)

AN AIMSIR CHAITE (THE PAST TENSE)

NB: Cuirtear séimhiú ar bhriathra a thosaíonn le consan. (Verbs that begin with a consonant take a *séimhiú*.)

Leathan—broad (a, o, u)	Caol—slender (e, i)
dhún mé (I closed)	**chuir mé** (I put)
dhún tú (you closed)	**chuir tú** (you put)
dhún sé/sí (he/she closed)	**chuir sé/sí** (he/she put)
dhúnamar (we closed)	**chuireamar** (we put)
dhún sibh (you closed—plural)	**chuir sibh** (you put—plural)
dhún siad (they closed)	**chuir siad** (they put)
bs. **dúnadh** (it was closed)*	bs. **cuireadh** (it was put)*

Diúltach (negative)

níor dhún mé (I didn't close, etc.)   **níor chuir mé** (I didn't put, etc.)

Ceisteach (for asking questions)

ar dhún tú? (did you close?)   **ar chuir tú?** (did you put?)

*bs. = *briathar saor. Úsáidtear an briathar saor nuair nach bhfuil a fhios againn cé a dhéanann an gníomh.* The *briathar saor* is used when we don't know who does the action.

AN AIMSIR LÁITHREACH (THE PRESENT TENSE)

Leathan (broad)
dúnaim (I close)
dúnann tú (you close)
dúnann sé/sí (he/she closes)
dúnaimid (we close)
dúnann sibh (you close—plural)
dúnann siad (they close)

bs. **dúntar** (it is closed)

Caol (slender)
cuirim (I put)
cuireann tú (you put)
cuireann sé/sí (he/she puts)
cuirimid (we put)
cuireann sibh (you put—plural)
cuireann siad (they put)

bs. **cuirtear** (it is put)

Diúltach (negative)

ní dhúnaim (I don't close)
ní dhúnann tú (you don't close)
ní dhúnann sé/sí (he/she doesn't close)

ní dhúnaimid (we don't close)

ní dhúnann sibh (you don't close—plural)

ní dhúnann siad (they don't close)

bs. **ní dhúntar** (it isn't closed)

ní chuirim (I don't put)
ní chuireann tú (you don't put)
ní chuireann sé/sí (he/she doesn't put)

ní chuirimid (we don't put)

ní chuireann sibh (you don't put plural)

ní chuireann siad (they don't put)

bs. **ní chuirtear** (it isn't put)

Ceisteach (for asking questions)

an ndúnann tú? (do you close?)

an gcuireann tú? (do you put?)

AN AIMSIR FHÁISTINEACH (THE FUTURE TENSE)

Leathan (broad)
dúnfaidh mé (I will close)
dúnfaidh tú (you will close)
dúnfaidh sé/sí (he/she will close)
dúnfaimid (we will close)
dúnfaidh sibh (you will close—plural)
dúnfaidh siad (they will close)

bs. **dúnfar** (it will be closed)

Caol (slender)
cuirfidh mé (I will put)
cuirfidh tú (you will put)
cuirfidh sé/sí (he/she will put)
cuirfimid (we will put)
cuirfidh sibh (you will put—plural)
cuirfidh siad (they will put)

bs. **cuirfear** (it will be put)

Diúltach (negative)

ní dhúnfaidh mé (I won't close, etc.)

ní chuirfidh mé (I won't put, etc.)

Ceisteach (for asking questions)

an ndúnfaidh tú? (will you close?)

an gcuirfidh tú? (will you put?)

Briathra sa dara réimniú (Verbs in the second conjugation)

Bíonn níos mó ná siolla amháin sa fhréamh ag briathra sa dara réimniú. Verbs in the second conjugation have *more than one syllable* in the stem. We will use the verbs **ceannaigh** (buy) and **bailigh** (collect or gather); the endings here can be used with other second-conjugation verbs.

AN AIMSIR CHAITE (THE PAST TENSE)

Leathan (broad—a, o, u)

cheannaigh mé (I bought)
cheannaigh tú (you bought)
cheannaigh sé/sí (he/she bought)
cheannaíomar (we bought)
cheannaigh sibh (you bought—plural)

cheannaigh siad (they bought)

bs. **ceannaíodh** (it was bought)

Caol (slender—e, i)

bhailigh mé (I collected)
bhailigh tú (you collected)
bhailigh sé/sí (he/she collected)
bhailíomar (we collected)
bhailigh sibh (you collected—plural)

bhailigh siad (they collected)

bs. **bailíodh** (it was collected)

Diúltach (negative)

níor cheannaigh mé (I didn't buy, etc.)

níor bhailigh mé (I didn't collect, etc.)

Ceisteach

ar cheannaigh tú? (did you buy?)

ar bhailigh tú? (did you collect?)

Aire

Cuirtear **d'** roimh bhriathra a thosaíonn le guta nó le **fh**. Samplaí: **d'ullmhaigh mé**, **d'éirigh mé**.

AN AIMSIR LÁITHREACH (THE PRESENT TENSE)

ceannaím (I buy)
ceannaíonn tú (you buy)
ceannaíonn sé/sí (he/she buys)
ceannaímid (we buy)
ceannaíonn sibh (you buy—plural)
ceannaíonn siad (they buy)

bs. **ceannaítear** (it is bought)

bailím (I collect)
bailíonn tú (you collect)
bailíonn sé/sí (he/she collects)
bailímid (we collect)
bailíonn sibh (you collect—plural)
bailíonn siad (they collect)

bs. **bailítear** (it is collected)

Diúltach

ní cheannaím (I don't buy)

ní bhailím (I don't collect)

Ceisteach

an gceannaíonn tú? (do you buy?)

an mbailíonn tú? (do you collect?)

AN AIMSIR FHÁISTINEACH (THE FUTURE TENSE)

ceannóidh mé (I will buy)	**baileoidh mé** (I will collect)
ceannóidh tú (you will buy)	**baileoidh tú** (you will collect)
ceannóidh sé/sí (he/she will buy)	**baileoidh sé/sí** (he/she will collect)
ceannóimid (we will buy)	**baileoimid** (we will collect)
ceannóidh sibh (you will buy—plural)	**baileoidh sibh** (you will collect—plural)
ceannóidh siad (they will buy)	**baileoidh siad** (they will collect)
bs. **ceannófar** (it will be bought)	bs. **baileofar** (it will be collected)

Diúltach

ní **cheannóidh mé** (I won't buy)	ní **bhaileoidh mé** (I won't collect)

Ceisteach

an **gceannóidh tú?** (will you buy?)	an **mbaileoidh tú?** (will you collect?)

Na briathra neamhrialta (The irregular verbs)

AN AIMSIR CHAITE

Beir (catch/hold):

	Diúltach	Ceisteach
rug mé (I caught)	**níor rug mé** (I didn't catch)	
rug tú		**ar rug tú?** (did you catch?)
rug sé/sí		
rugamar		
rug sibh		
rug siad		
bs. **rugadh** (was caught/born)	**níor rugadh**	**ar rugadh?**

Clois (hear):

	Diúltach	Ceisteach
chuala mé (I heard)	**níor chuala mé** (I didn't hear)	
chuala tú		**ar chuala tú?** (did you hear?)
chuala sé/sí		
chualamar		
chuala sibh		
chuala siad		
bs. **chualathas** (it was heard)	**níor chualathas**	**ar chualathas?**

Tar (come):
tháinig mé (I came)   **níor tháinig mé** (I didn't come)

tháinig tú   **ar tháinig tú?** (did you

tháinig sé/sí   come?)

thángamar

tháinig sibh

tháinig siad

bs. **thángthas**   **níor thángthas**   **ar thángthas?**

   (it was come)

Ith (eat):
d'ith mé (I ate)   **níor ith mé** (I didn't eat)

d'ith tú   **ar ith tú?** (did you eat?)

d'ith sé/sí

d'itheamar

d'ith sibh

d'ith siad

bs. **itheadh**   **níor itheadh**   **ar itheadh?**

   (it was eaten)

Tabhair (give):
thug mé (I gave)   **níor thug** (I didn't give)

thug tú   **ar thug tú?** (did you give)

thug sé/sí

thugamar

thug sibh

thug siad

bs. **tugadh**   **níor tugadh**   **ar tugadh?**

Déan (do/make):
rinne mé   **ní dhearna mé**

(I did/made)   (I didn't do/make)

rinne tú   **an ndearna tú?** (did you

rinne sé/sí   do/make?)

rinneamar

rinne sibh

rinne siad

bs. **rinneadh**   **ní dhearnadh**

   (it was done/made)

Feic (see):
chonaic mé (I saw)   **ní fhaca mé** (I didn't see)

chonaic tú   **an bhfaca tú?** (did you see?)

chonaic sé/sí

chonaiceamar

<u>ch</u>onaic sibh
<u>ch</u>onaic siad
bs. <u>ch</u>onacthas)   ní <u>fh</u>acthas   an <u>bhf</u>acthas?
  (it was seen

Abair (say):
dúirt mé (I said)   **ní dúirt mé** (I didn't say)
dúirt tú   **an ndúirt tú?** (did you say?)
dúirt sé/sí
dúramar
dúirt sibh
dúirt siad
bs. **dúradh**   **ní dúradh**   **an ndúradh?**
  (it was said)

Téigh (go):
<u>ch</u>uaigh mé (I went) ní <u>dh</u>eachaigh mé (I didn't go)
<u>ch</u>uaigh tú   an **ndeachaigh tú?** (did you
<u>ch</u>uaigh sé/sí   go?)
<u>ch</u>uamar
<u>ch</u>uaigh sibh
bs. <u>ch</u>uathas   ní <u>dh</u>eachthas   an **ndeachthas?**

Faigh (get):
fuair mé (I got)   **ní <u>bh</u>fuair mé** (I didn't get)
fuair tú   **an <u>bh</u>fuair tú?** (did you get?)
fuair sé/sí
fuaireamar
fuair sibh
fuair siad
bs. **fuarthas**   **ní <u>bh</u>fuarthas**   **an <u>bh</u>fuarthas?**
  (it was got)

Bí (be):
bhí mé (I was)   **ní raibh mé** (I wasn't)
bhí tú   **an raibh tú?** (were you?)
bhí sé/sí
bhíomar
bhí sibh
bhí siad
bs. **bhíothas** (it was) **ní rabhthas**   **an rabhthas?**

Beir (catch/hold):
beirim (I catch)   **ní bheirim** (I don't catch)
beireann tú   **an mbeireann tú?** (do you
beireann sé/sí   catch?)
beirimid
beireann sibh
beireann siad
bs. **beirtear**   **ní bheirtear**   **an mbeirtear?**
  (it is caught)

Clos (hear):
cloisim (I hear)   **ní chloisim** (I don't hear)
cloiseann tú   **an gcloiseann tú?** (do you
cloiseann sé/sí   hear?)
cloisimid
cloiseann sibh
cloiseann siad
bs. **cloistear** (it is heard)   **ní chloistear   an gcloistear?**

Tar (come):
tagaim (I come)   **ní thagaim** (I don't come)
tagann tú   **an dtagann tú?** (do you
tagann sé/sí   come?)
tagaimid
tagann sibh
tagann siad
bs. **tagtar** (it comes) **ní thagtar**   **an dtagtar?**

Ith (eat):
ithim (I eat)   **ní ithim** (I don't eat)
itheann tú   **an itheann tú?** (do you eat?)
itheann sé/sí
ithimid
itheann sibh
itheann siad
bs. **itear** (it is eaten) **ní itear**   **an itear?**

Tabhair (give):
tugaim (I give)   **ní thugaim** (I don't give)
tugann tú   **an dtugann tú?** (do you
tugann sé/sí   give?)
tugaimid
tugann sibh
tugann siad
bs. **tugtar** (it is given)   **ní thugtar   an dtugtar?**

Déan (do/make):
déanaim (I do)   **ní dhéanaim** (I don't)
déanann tú   **an ndéanann tú?** (do you?)
déanann sé/sí
déanaimid
déanann sibh
déanann siad
bs. **déantar** (it is done) **ní dhéantar**   **an ndéantar?**

Feic (see):
feicim (I see)   **ní fheicim** (I don't see)
feiceann tú   **an bhfeiceann tú?** (do you
feiceann sé/sí   see?)
feicimid
feiceann sibh
feiceann siad
bs. **feictear** (it is seen) **ní fheictear**   **an bhfeictear?**

Abair (say):
deirim (I say)   **ní deirim** (I don't say)
deir tú   **an ndeir tú?** (do you say?)
deir sé/sí
deirimid
deir sibh
deir siad
bs. **deirtear** (it is said) **ní deirtear**   **an ndeirtear?**

Téigh (go):
téim (I go)   **ní théim** (I don't go)
téann tú   **an dtéann tú?** (do you go?)
téann sé/sí
téimid
téann sibh
téann siad
bs. **téitear**   **ní théitear**   **an dtéitear?**

Faigh (get):
faighim (I get)   **ní fhaighim** (I don't get)
faigheann tú   **an bhfaigheann tú?** (do you
faigheann sé/sí   get?)
faighimid
faigheann sibh
faigheann siad
bs. **faightear** (it is got) **ní fhaightear**   **an bhfaightear?**

Bí (be):

tá mé/táim (I am)	nílim (I'm not)	
tá tú	níl tú	an bhfuil tú? (are you?)
tá sé/sí	níl sé/sí	
táimid	nílimid	
tá sibh	níl sibh	
tá siad	níl siad	
bs. táthar (it is)	níltear (it isn't)	

AN AIMSIR FHÁISTINEACH

Beir (hold, catch):

béarfaidh mé (I will catch)	ní bhéarfaidh mé (I won't catch)	
béarfaidh tú		an mbéarfaidh tú?
béarfaidh sé/sí		
béarfaimid		
béarfaidh sibh		
béarfaidh siad		
bs. béarfaí	ní bhéarfar	an mbéarfar?
(it will be caught)		

Clois (hear):

cloisfidh mé (I will hear)	ní chloisfidh mé (I won't hear)	
cloisfidh tú		an gcloisfidh tú?
cloisfidh sé/sí		
cloisfimid		
cloisfidh sibh		
cloisfidh siad		
bs. cloisfear (it will be heard)	ní chloisfear	an gcloisfear?

Tar (come):

tiocfaidh mé (I will come)	ní thiocfaidh mé (I won't come)	
tiocfaidh tú		an dtiocfaidh tú?
tiocfaidh sé/sí		
tiocfaimid		
tiocfaidh sibh		
tiocfaidh siad		
bs. tiocfar (it will come)	ní thiocfar	an dtiocfar?

Ith (eat):

íosfaidh mé (I will eat)	ní íosfaidh mé (I won't eat)	
íosfaidh tú		an íosfaidh tú?
íosfaidh sé/sí		
íosfaimid		
íosfaidh sibh		
íosfaidh siad		
bs. íosfar (it will be eaten)	ní íosfar	an íosfar?

Tabhair (give):
tabharfaidh mé (I will give)   ní <u>th</u>abharfaidh mé (I won't give)
tabharfaidh tú   **an <u>dt</u>abharfaidh tú?**
tabharfaidh sé/sí
tabharfaimid
tabharfaidh sibh
tabharfaidh siad
bs. **tabharfar** (it will be given) **ní <u>th</u>abharfar**   **an <u>dt</u>abharfar?**

Déan (do/make):
déanfaidh mé   ní <u>dh</u>éanfaidh mé
  (I will do/make)   (I won't do/make)
déanfaidh tú   **an <u>nd</u>éanfaidh tú?**
déanfaidh sé/sí
déanfaimid
déanfaidh sibh
déanfaidh siad
bs. **déanfar**   **ní <u>dh</u>éanfar**   **an <u>nd</u>éanfar?**
  (it will be done/made)

Feic (see):
feicfidh mé (I will see)   ní <u>fh</u>eicfidh mé (I won't see)
feicfidh tú   **an bfeicfidh tú?**
feicfidh sé/sí
feicfimid
feicfidh sibh
feicfidh siad
bs. **feicfear** (it will be seen) **ní <u>fh</u>eicfear**   **an <u>bh</u>feicfear?**

Abair (say):
déarfaidh mé (I will say)   ní déarfaidh mé (I won't say)
déarfaidh tú   **an <u>nd</u>éarfaidh tú?**
déarfaidh sé/sí
déarfaimid
déarfaidh sibh
déarfaidh siad
bs. **déarfar** (it will be said)   **ní déarfar**   **an <u>nd</u>éarfar?**

Téigh (go):
rachaidh mé (I will go)   ní rachaidh mé (I won't go)
rachaidh tú   **an rachaidh tú?**
rachaidh sé/sí
rachaimid
rachaidh sibh
rachaidh siad
bs. **rachfar**   **ní rachfar**   **an rachfar?**

Faigh (get):
gheobhaidh mé (I will get) **ní bhfaighidh mé** (I won't get)
gheobhaidh tú **an bhfaighidh tú?**
gheobhaidh sé/sí
gheobhaimid
gheobhaidh sibh
gheobhaidh siad
bs. **gheofar** (it will be got) **ní bhfaighfear** **an bhfaighfear?**

Bí (be):
beidh mé (I will be) **ní bheidh mé** (I won't be)
beidh tú **an mbeidh tú?**
beidh sé/sí
beimid
beidh sibh
beidh siad
bs. **beifear** (it will be) **ní bheifear** **an mbeifear?**

EXAMINATION PAPERS

AN ROINN OIDEACHAIS AGUS EOLAÍOCHTA
SCRÚDÚ AN TEASTAIS SHÓISEARAIGH, 2002
GAEILGE (GNÁTHLEIBHÉAL) (220 marc)

DÉARDAOIN 6 MEITHEAMH – TRÁTHNÓNA, 2.15 go dtí 3.45

ROINN I – LÉAMHTHUISCINT (110 marc)

FREAGAIR <u>GACH</u> CEIST.
[N.B. Ní mór na freagraí ar na ceisteanna sa Roinn seo a scríobh sna spásanna cuí ar an gceistpháipéar seo.]

CEIST 1

Meaitseáil na pictiúir agus na fógraí/comharthaí sna boscaí thíos agus scríobh na litreacha is fearr a fhreagraíonn do na huimhreacha, dar leat, sna spásanna cuí ar an ngreille. (20 marc)

		Uimhir	Litir
1 *Comórtas Rince* / Halla na Cathrach / Dé Domhnaigh 15 Aibreán		1	
		2	
		3	
2 *Club Camógaíochta* / Seó Faisin do Thrócaire / Sa Chlub – Dé hAoine		4	
		5	
		6	
		7	
3 *Gairdíní Poiblí* / Ná Siúil ar an bhféar		8	
		9	
		10	
4 *Bus Éireann* / Ar fáil anois: / **Clár Ama an Gheimhridh**			

Dainséar! _Sreanga Beo_ **Ná téigh isteach** 5		 E

Ceachtanna Leadóige **Do gach Aois** 6		 F

SEACHAIN! _Ainmhithe Fiáine_ _Bí Cúramach_ 7		 G

RABHADH! _BÓTHAR FAOI UISCE_ 8		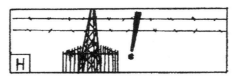 H

Taispeántas Ealaíne _Sa_ _Dánlann Náisiúnta_ 9		 I

Scannán den scoth _Anocht_ _Halla na Scoile_ 10		 J

CEIST 2

Freagair do rogha **dhá cheann** de (a), (b), (c) anseo thíos. (30 marc)

(a) Léigh an *fógra* seo a leanas agus freagair na ceisteanna a ghabhann leis.

(15 mharc)

 **Cumann Drámaíochta Dhún Laoghaire**
Deireadh seachtaine ar Oileán: Inis Bó Finne
Satharn 9 Márta 2002 – Luan 11 Márta 2002

AN CLÁR

SATHARN	
9 a.m.	Fágfaidh an bus Halla an Bhaile, Dún Laoghaire.
1 p.m.	Sos agus lón in Óstán na Trá, Gaillimh.
2.30 p.m.	Bus ó Ghaillimh go dtí An Cloigeann.
4 p.m.	Turas báid ón gCloigeann go dtí Inis Bó Finne.
8 p.m.	Dráma: *An Triail* le Máiréad Ní Ghráda á léiriú san Ionad Pobail.
DOMHNACH	
10 a.m.	Turas coisíochta timpeall an oileáin tar éis an bhricfeasta.
3 p.m.	Ceardlann damhsa seit agus céilí do dhaoine nach bhfuil na rincí go maith acu.
9 p.m.–1 a.m.	Oíche Ghaelach: Céilí, Seiteanna, Amhránaíocht agus Craic.
LUAN	
11 a.m.	Filleadh abhaile tar éis an bhricfeasta.

Costas: 100 euro (táille bus san áireamh)
Tuilleadh eolais le fáil ón rúnaí, Seán Mac Mathúna

(i) Conas a thaistil an Cumann Drámaíochta ó Ghaillimh go dtí Inis Bó Finne?

_____

(ii) Cad a rinne siad maidin Dé Domhnaigh tar éis bricfeasta?

_____

(iii) Cá bhfuil níos mó eolais le fáil faoin turas?

_____

(b) Léigh an *fógra* seo a leanas agus freagair na ceisteanna a ghabhann leis.

(15 mharc)

OLLMHARGADH UÍ SHÉ

An bhfuil post maith le pá maith uait?

POIST SHAMHRAIDH AR FÁIL

Daoine óga ag teastáil chun:	**COINNÍOLLACHA**
■ Málaí a phacáil do na custaiméirí. ■ Tralaithe a bhailiú sa charrchlós. ■ Na hurláir agus na seilfeanna a ghlanadh. ■ Na hearraí a chur ar na seilfeanna. ■ Obair a dhéanamh ag an deasc airgid.	■ Aois: sé bliana déag ar a laghad. ■ Sásta obair chrua a dhéanamh. ■ Dea-bhéasa agus pearsantacht dheas. ■ Ar fáil ó Mhí an Mheithimh go dtí deireadh Mhí Lúnasa. ■ Pá: €5 san uair.

(i) Cá bhfuil na poist shamhraidh le fáil?

_____

(ii) Luaigh **dhá** rud a bheidh le déanamh sna poist seo.

_____

(iii) Cé mhéad airgid a bheidh le fáil sna poist?

_____

(c) Léigh na *véarsaí* seo a leanas agus freagair na ceisteanna a ghabhann leo.

(15 mharc)

An tUlchabhán

1.

Is breá liom bheith amuigh
San oíche dhubh,
Ag fiach na bhfrancach is na luch
Atá le fáil go tiubh.

2.

Eitlím go ciúin, ciúin
Ó áit go háit,
Mo shúile móra buí mar thóirsí,
Mise an *ceann cait!

3.

Feicfidh mé thú oíche éigin
'S an ghealach lán,
Mo scáil sciathánach ag lorg bia,
Arsa an t-ulchabhán.

Máire Áine Nic Ghearailt

*__Gluais:__ ulchabhán = ceann cait = éan, le ceann mór, a bhíonn amuigh san oíche.

(i) Cad iad na hainmhithe a bhíonn an t-ulchabhán ag fiach agus atá le fáil go tiubh?

_____

(ii) Cén dath atá ar a shúile?

_____

(iii) Cathain a fheicfidh an t-ulchabhán tú?

_____

CEIST 3

Freagair (a) **agus** (b) anseo. (60 marc)

(a) Léigh an sliocht seo a leanas agus freagair na ceisteanna a ghabhann leis. (30 marc)

PAUL PRITCHARD – DREAPADÓIR DEN SCOTH

Dreapadóir iontach ab ea Paul Pritchard. Rugadh é sa Bhreatain Bheag. Bhí clú is cáil air mar dhreap sé na sléibhte is airde agus is dainséaraí ar fud an domhain. Scríobh sé cuntas ar a chuid dreapadóireachta sa leabhar **Deep Play**. Bhí sé ar mhuin na muice.

Ach is ansin a bhí an mí-ádh air. Bhí sé ag dreapadh suas an **Totem Pole** nuair a tharla timpiste dó. Cloch ard is ea an **Totem Pole** atá ag gobadh amach as an bhfarraige in aice le cósta Tasmania. Thit cloch, a bhí chomh mór le teilifíseán, anuas ar a cheann. Fuair sé taom croí agus fágadh a thaobh clé ar fad gan anam.

Tharla sé sin timpeall ceithre bliana ó shin. Tá deacracht aige fós, uaireanta, labhairt agus ní féidir leis a lámh chlé a úsáid.

Nuair a bhí sé san ospidéal mhol na dochtúirí dó tosnú ag scríobh mar go ndéanfadh sé maitheas dó.

Thosaigh sé ag scríobh dialainne. Tá an dara leabhar dá chuid, **Totem Pole**, bunaithe ar an dialann seo. Foilsíodh an leabhar an bhliain seo caite.

Chuaigh sé timpeall na tíre ar feadh cúpla seachtain ag caint faoi gach rud a tharla dó.

Thug sé an t-airgead, a rinne sé as na cainteanna seo, do **Headway** a chabhraíonn le daoine a ghortaítear sa cheann.

(i) Cén fáth a raibh clú is cáil ar Paul Pritchard?

_____

(ii) Cén timpiste a tharla dó nuair a bhí sé ag dreapadh an **Totem Pole**?

_____

(iii) Luaigh deacracht <u>amháin</u> atá aige fós?

_____

(iv) Cén t-ainm atá ar an dara leabhar a scríobh sé?

_____

(v) Cad a dhéanann an grúpa **Headway**?

_____

(b) Léigh an sliocht seo a leanas agus freagair na ceisteanna ghabhann leis.

(30 marc)

HELEN KELLER

Rugadh Helen Keller ar an 27 Meitheamh 1881. I Mí Feabhra 1882 d'éirigh sí tinn. Ar deireadh d'imigh an fiabhras agus an phian ach níor tháinig biseach uirthi. Bhí sí bodhar agus dall agus nuair nach raibh sí ábalta aon rud a chloisteáil stop sí de bheith ag caint.

Lá amháin chuala máthair Helen faoi bhean darbh ainm Laura Bridgeman. Cosúil le Helen bhí an bhean seo bodhar agus dall. Ach bhí sí in ann labhairt lena lámha le daoine eile mar d'fhoghlaim sí aibítir láimhe in Institiúid na nDall i mBoston.

Scríobh máthair Helen chuig an Institiúid láithreach. Ar an 3 Márta 1887 tháinig múinteoir darbh ainm Áine Ní Shúilleabháin go teach Helen.

Rinne na páistí san Institiúid bábóg mar bhronntanas do Helen. Nuair a thug Áine an bhábóg do Helen scríobh sí an focal B-Á-B-Ó-G ar a láimh. Láithreach scríobh Helen an focal céanna ar láimh Áine. Cé nach

ndearna Helen an focal a cheangal den bhábóg bhí an múinteoir sásta mar bhí a fhios aici go raibh Helen cliste.

Lá amháin chuaigh an bheirt acu amach ag siúl. Bhí caidéal uisce sa chlós. Chuir Áine lámh Helen faoin uisce. Ar an láimh eile scríobh sí an focal U-I-S-C-E. Bhí a fhios ag Helen ansin go raibh ainm ar gach rud.

Ón lá sin amach bhí Helen ábalta labhairt le daoine eile trí úsáid a bhaint as an aibítir láimhe. Bhí doirse an tsaoil oscailte roimpi faoi dheireadh.

(i) Cén fáth ar stop Helen Keller de bheith ag caint?

_____

(ii) Conas a bhí Helen agus Laura Bridgeman cosúil lena chéile?

_____

(iii) Cé a rinne an bhábóg do Helen?

_____

(iv) Cad a rinne Áine Ní Shúilleabháin nuair a thug sí an bhábóg do Helen?

_____

(v) Conas a bhí Helen Keller ábalta labhairt le daoine ón lá sin amach?

_____

ROINN II – SCRÍOBH NA TEANGA   (110 marc)

FREAGAIR **GACH** CEIST.

CEIST 1

Freagair *(a)* **nó** *(b)* anseo.   (25 mharc)

(a) Tá tú ar thuras le do chara in áit éigin in Éirinn. Scríobh cárta poist chuig do thuismitheoirí.

Luaigh na pointí seo a leanas ar an gcárta:

- an turas go dtí an áit sin
- rud éigin a rinne sibh
- an aimsir
- duine suimiúil a bhuail libh
- cathain a fhillfidh tú abhaile

Scríobh an freagra sa bhosca anseo thíos.

NÓ

(b)

Is tusa Áine sna pictiúir thuas. Tá tú ag do theach féin. Tá tú ag ullmhú an dinnéir ach níl tú ábalta é a chríochnú.

Fágann tú nóta do do mháthair ag rá:

- cá bhfuil tú ag dul
- cén fáth a bhfuil ort dul ann
- cad a cheannóidh tú
- cén t-am a bheidh tú ar ais
- cén t-am a bheidh an dinnéar réidh.

Scríobh an nóta sa bhosca anseo thíos.

NÓTA

CEIST 2

Freagair *(a)* **nó** *(b)* anseo. (40 marc)

[**N.B.** Bíodh leagan amach cuí ar do <u>litir</u>, i.e. <u>seoladh</u>, <u>dáta</u>, <u>beannú</u> agus <u>críoch oiriúnach.</u>]

(a) Tá d'aintín ar saoire. Tá tú ag tabhairt aire dá madra. Tarlaíonn timpiste don mhadra.

Scríobh **litir** chuici. Sa litir luaigh na pointí seo.

- cathain an tharla an timpiste
- cén chaoi ar tharla sé
- cad a rinne tu
- conas atá an madra anois

Scríobh an litir sa bhosca

NÓ

(b)

Chuaigh tú go dtí cluiche mór i bPáirc an Chrócaigh nó i mBóthar Lansdúin. Scríobh, <u>sa bhosca</u>, **litir** chuig cara leat a chónaíonn faoin tuath ag insint dó **nó** di:

- cé a bhí in éineacht leat
- cúpla rud faoin gcluiche
- rud éigin a chaill tú ag an gcluiche
- conas a fuair tú ar ais an rud a chaill tú

LITIR

CEIST 3

Freagair *(a)* **nó** *(b)* anseo. (45 mharc)

(a) **Alt** gairid **(15 líne nó mar sin)** a scríobh ar **cheann amháin** de na hábhair seo:-
  (i) Lá fliuch sa bhaile.
  (ii) An samhradh seo caite.
  (iii) Rud deas a tharla dom.
  (iv) An uair a bhris gadaí isteach inár dteach.

  Scríobh an freagra sa bhosca

NÓ

(b)

Is iad Liam agus Síle na daoine óga atá sna pictiúir thuas. Scríobh, sa bhosca, an cuntas is dóigh leat a bheadh ag Síle ina dialann (nó ag Liam ina dhialann) ar na himeachtaí atá léirithe thuas.
[Is leor 15 líne nó mar sin i do fhreagra.]

Ceist 3(a) **nó** (b).

Adhmhálacha (Scrúdú, 2002)
Ba mahith leis na foilsitheoirí a mbuíochas a ghabháil leis na heagraíochtaí agus leis na daoine seo a leanas as cead a thabhairt dóibh ábhar atá faoi chóipcheart a atáirgeadh:
Máire Áine Nic Ghearailt, maidir lena dhán 'An tUlchabhán'.

AN ROINN OIDEACHAIS AGUS EOLAÍOCHTA
SCRÚDÚ AN TEASTAIS SHÓISEARAIGH, 2002
GAEILGE (GNÁTHLEIBHÉAL)
CLUASTUISCINT (100 MARC)

DÉARDAOIN 6 MEITHEAM – TRÁTHNÓNA, 1.30 go dtí 2.00

CLUASTUISCINT   (100 marc)

N.B. BÍODH GACH FREAGRA AS GAEILGE ACH AMHÁIN NUAIR NACH GÁ SIN.

CUID A

Cloisfidh tú giota cainte ó gach duine de **thriúr** óga sa Chuid seo. Cloisfidh tú gach giota díobh **trí huaire.** Éist go cúramach leo agus líon isteach an t-eolas atá á lorg sna greillí ag **1, 2** agus **3** thíos.

1.   **An Chéad Chainteoir**

Ainm	Máire Ní Thuathail
Cár rugadh agus tógadh í?	
Cén aois í?	
Slí bheatha a máthar.	

2.   **An Dara Cainteoir**

Ainm	Féilim Ó Dochartaigh
An sórt scoile ina bhfuil sé.	
An maith leis bheith ar scoil?	
Cá mbíonn sé ag obair?	

3.   **An Tríú Cainteoir**

Ainm	Pádraic Mac a'tSaoi
An cluiche a imríonn sé.	
Cathain a d'imir sé sa Staid Náisiúnta?	
Cén airde é?	

CUID B

Cloisfidh tú *trí* fhógra sa Chuid seo. Cloisfidh tú gach fógra díobh *faoi dhó*. Éist go cúramach leo. Beidh sos tar éis gach casadh chun deis a thabhairt duit an *dá* cheist a ghabhann le gach fógra díobh a fhreagairt.

Fógra a hAon

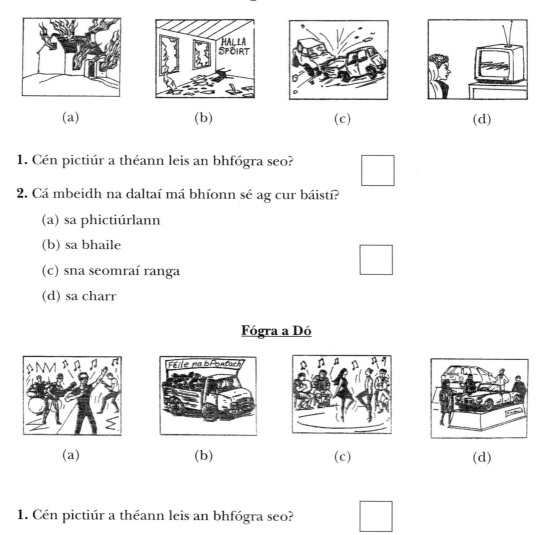

1. Cén pictiúr a théann leis an bhfógra seo?

2. Cá mbeidh na daltaí má bhíonn sé ag cur báistí?

    (a) sa phictiúrlann

    (b) sa bhaile

    (c) sna seomraí ranga

    (d) sa charr

Fógra a Dó

1. Cén pictiúr a théann leis an bhfógra seo?

2. Cén t-am a dhéanfar an oscailt oifigiúil?

Fógra a Trí

| (a) | (b) | (c) | (d) |

1. Cén pictiúr a théann leis an bhfógra seo?
2. Cad atá le déanamh má tá madra agat?

   (a) é a thabhairt amach ag siúl

   (b) é a choinneáil istigh istoíche

   (c) bia ceart a thabhairt dó

   (d) é a thabhairt ag snámh

CUID C

Cloisfidh tú *trí cinn* de chomhráite teileafóin sa Chuid seo. Cloisfidh tú gach comhrá díobh *trí huaire*. Cloisfidh tú an comhrá ó thosach deireadh an chéad uair. Ansin cloisfidh tú é ina dhá mhír. Beidh sos tar éis gach mír díobh chun deis a thabhairt duit an cheist a bhaineann leis an mír sin a fhreagairt. Ina dhiaidh sin cloisfidh tú an comhrá ó thosach deireadh arís.

Comhrá a hAon

An Chéad Mhír

| (a) | (b) | (c) | (d) |

1. Cá raibh Mícheál ag an deireadh seachtaine?

   An Dara Mír

2. Conas a bhí an aimsir?

   (a) tirim

   (b) fliuch

   (c) grianmhar

   (d) gaofar

245

Comhrá a Dó

An Chéad Mhír

    (a)   (b)   (c)   (d)

1. Cá ndeachaigh Brian?

An Dara Mír

2. Cá raibh Eibhlín ar a laethanta saoire?

    (a) sa Ghearmáin

    (b) i Sasana

    (c) sa Spáinn

    (d) in Éirinn

Comhrá a Trí

An Chéad Mhír

    (a)   (b)   (c)   (d)

1. Cad a rinne Sibéal?

An Dara Mír

2. Cá raibh sí ag obair an samhradh seo caite?

    (a) i Sasana

    (b) san Afraic

    (c) in ollmhargadh

    (d) faoin tuath

CUID D

Cloisfidh tú *trí cinn* de phíosaí ón raidió sa Chuid seo. Cloisfidh tú gach píosa díobh *faoi dhó.* Éist go cúramach leo agus freagair an *dá* cheist a ghabhann le gach píosa díobh.

Píosa a hAon

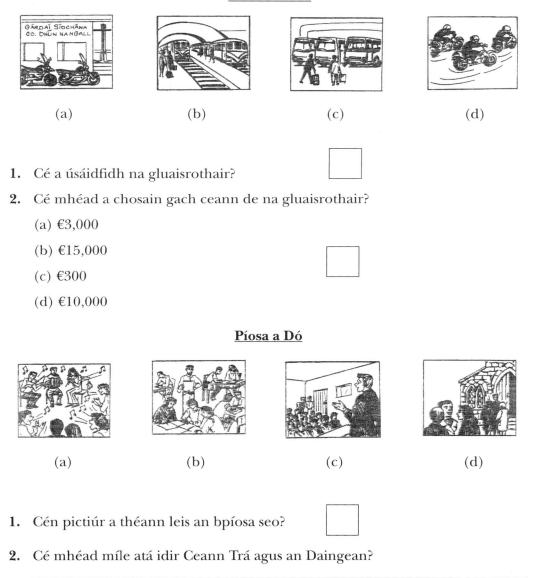

(a)   (b)   (c)   (d)

1. Cé a úsáidfidh na gluaisrothair?

2. Cé mhéad a chosain gach ceann de na gluaisrothair?

    (a) €3,000

    (b) €15,000

    (c) €300

    (d) €10,000

Píosa a Dó

(a)   (b)   (c)   (d)

1. Cén pictiúr a théann leis an bpíosa seo?

2. Cé mhéad míle atá idir Ceann Trá agus an Daingean?

_____

Píosa a Trí

    (a)   (b)   (c)   (d)

1. Cad a bhíonn le cloisteáil ag na daltaí ag am lóin? ▢

2. Cén plean atá ag na daltaí?

    (a) ranganna ceoil a bheith acu

    (b) lón a bheith acu

    (c) raidió scoile a thosú

    (d) dul go Baile Átha Cliath

cathair Luimnigh

COIMISIÚN NA SCRÚDUITHE STÁIT
SCRÚDÚ AN TEASTAIS SHÓISEARAIGH, 2003
GAEILGE (GNÁTHLEIBHÉAL)
CLUASTUISCINT (100 marc)
DÉARDAOIN, 5 MEITHEAMH – TRÁTHNÓNA, 1.30 go dtí 2.00

CLUASTUISCINT (100 marc)
N.B. BÍODH GACH FREAGRA AS GAEILGE ACH AMHÁIN NUAIR NACH GÁ SIN.

CUID A

Cloisfidh tú giota cainte ó gach duine de **thriúr** óga sa Chuid seo. Cloisfidh tú gach giota díobh **trí huaire**. Éist go cúramach leo agus líon isteach an t-eolas atá á lorg sna greillí ag **1, 2** agus **3** thíos.

1. An Chéad Chainteoir

Ainm	Eibhlín Seoighe
Cár rugadh í? *Where was she born*	boston
A haois nuair a d'fhág sí Boston.	2
An maith léi a bheith ar scoil?	Ní maith léi scoil

2. An Dara Cainteoir

Ainm	Mícheál Ó Cinnéide
Cá bhfuil sé ina chónaí? *Lived*	cathc Limineach
Cluiche amháin a imríonn sé. *Played*	Rugbaí
Cén tslí bheatha ba mhaith leis?	Dochtar

Job littu

3. An Tríú Cainteoir

Ainm	Seán Mac Grianna
Cé mhéad mí a chaitheann sé sa Ghaeltacht gach samhradh?	dhá mhí
Cad a thaitníonn go mór leis?	ceoil
Cén gléas ceoil a sheinneann sé?	Gutair

249

CUID B

Cloisfidh tú **trí** fhógra sa Chuid seo. Cloisfidh tú gach fógra díobh **faoi dhó**. Éist go cúramach leo. Beidh sos tar éis gach casadh chun deis a thabhairt duit an **dá** cheist a ghabhann le gach fógra díobh a fhreagairt.

Fógra a hAon

    (a)   (b)   (c)   (d)

1. Cén pictiúr a théann leis an bhfógra seo?   **b**

2. Cad a bhuaigh Treasa Ní Dhubhda agus Sabrina Ní Ruairc?
   (a) comórtas gailf
   (b) ceirníní
   (c) dhá leabhar   **a**
   (d) ticéid don dioscó

Fógra a Dó

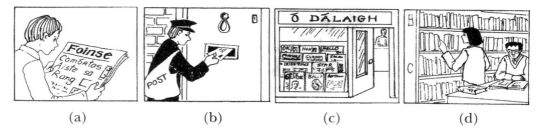

    (a)   (b)   (c)   (d)

1. Cén pictiúr a théann leis an bhfógra seo?   **a**

2. Cé mhéad euro a bheidh ag dul don aiste is fearr?   essay
   €1000

Fógra a Trí

(a)　　　　　　　(b)　　　　　　　(c)　　　　　　　(d)

1. Cén pictiúr a théann leis an bhfógra seo?

2. Cathain a tógadh na grianghraif?
   (a) inné
   (b) breis agus caoga bliain ó shin
   (c) an tseachtain seo caite
   (d) sa samhradh

CUID C

Cloisfidh tú *trí cinn* de chomhráite teileafóin sa Chuid seo. Cloisfidh tú gach comhrá díobh *trí huaire.* Cloisfidh tú an comhrá ó thosach deireadh an chéad uair. Ansin cloisfidh tú é ina dhá mhír. Beidh sos tar éis gach mír díobh chun deis a thabhairt duit an cheist a bhaineann leis an mír sin a fhreagairt. Ina dhiaidh sin cloisfidh tú an comhrá ó thosach deireadh arís.

Comhrá a hAon

An Chéad Mhír

(a)　　　　　　　(b)　　　　　　　(c)　　　　　　　(d)

1. Cá raibh Sinéad?

An Dara Mír

2. Cathain a bhuailfidh Pádraig le Sinéad?
   (a) anocht
   (b) amárach tar éis scoile
   (c) an mhí seo chugainn
   (d) i gceann seachtaine

Comhrá a Dó

An Chéad Mhír

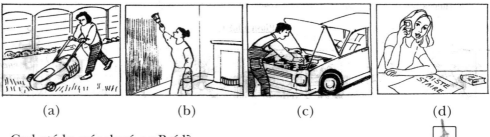

(a)   (b)   (c)   (d)

1. Cad atá le críochnú ag Bríd?

An Dara Mír

2. Cad a bheidh le déanamh ag Gráinne?
   (a) bronntanas a cheannach
   (b) fáilte a chur roimh an Uachtarán
   (c) bláthanna a chur sa halla
   (d) béile a ullmhú

Comhrá a Tri

An Chéad Mhír

(a)   (b)   (c)   (d)

1. Cé leis a raibh Ruairí ag labhairt?

An Dara Mír

2. Cad é an rud nach bhfaca tuismitheoiri Ruairí?
   (a) an cluiche peile
   (b) an scannán *Lord of the Rings*
   (c) an clár teilifíse
   (d) an leabhar

CUID D

Cloisfidh tu *trí cinn* de phíosaí ón raidió sa Chuid seo. Cloisfidh tú gach píosa díobh *faoi dhó*. Éist go cúramach leo agus freagair an dá cheist a ghabhann le gach píosa díobh.

Píosa a hAon

(a)   (b)   (c)   (d)

1. Cén comórtas a bheidh ar siúl san RDS?

2. Cén lá a chríochnóidh an comórtas?
   (a) An Luan
   (b) An Satharn
   (c) An Aoine
   (d) An Domhnach

Píosa a Dó

(a)   (b)   (c)   (d)

1. Cén pictúr a théann leis an bpíosa seo?

2. Cad a bhíonn le cloisteáil ag daoine óga go minic?

ceol

Píosa a Trí

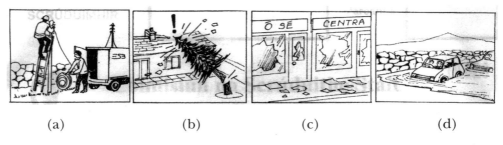

(a)   (b)   (c)   (d)

1. Cén damáiste a rinne an stoirm ghaoithe?

2. Cad atá le déanamh ag daoine?
   (a) gan dul amach ag tiomáint anocht
   (b) na fuinneoga a choimeád dúnta
   (c) glaoch teileafóin a chur ar na gardaí
   (d) tinte a lasadh

COIMISIÚN NA SCRÚDUITHE STÁIT
SCRÚDÚ AN TEASTAIS SHÓISEARAIGH, 2003
GAEILGE (GNÁTHLEIBHÉAL)
(220 marc)
DÉARDAOIN, 5 MEITHEAMH – TRÁTHNÓNA, 2.15 go dtí 3.45

ROINN 1– LÉAMHTHUISCINT   (110)

FREAGAIR GACH CEIST.

[N.B. Ní mór na freagraí ar na ceisteanna sa Roinn sea a scríobh sna spásanna cuí ar an gceistpháipéar seo.]

CEIST 1

Meaitseáil na pictiúir agus na fógraí/comharthaí sna boscaí thíos agus scríobh na litreacha is fearr a fhreagraíonn do na huimhreacha, dar leat, sna spásanna cuí ar an ngreille.   **(20 marc)**

AIRE!
Oibreacha Bóthair

1

Garáiste Uí Riain
Ar fáil
Carranna nua agus athláimhe

2

Galfchúrsa Poiblí
Ar oscailt gach lá
8 a.m. – 9 p.m.

3

SEOLTÓIREACHT
Cúrsaí do dhéagóirí
Satharn: 10 a.m.–
12 a.m.

4

Halla Snúcair
Comórtais do gach aois
Táille Iontrála: €5

5

1	D
2	A
3	F
4	H
5	I
6	C
7	J
8	E
9	G
10	B

COSC AR IMIRT CLUICHÍ	
6	

Seomra Ríomhaireachta Ciúnas Scrúdú ar siúl	
7	

Seomra Gléasta **Rabhadh!** Na fág airgead i do phócaí	
8	

Faighte sa chlós *Geansaí scoile* *Eolas ó oifig na scoile*	
9	

COIMEÁD AN SCOIL GLAN Cuir an bruscar sna boscaí bruscair	
10	

Uimhir	Litir
1	
2	
3	
4	
5	
6	
7	
8	
9	
10	

CEIST 2

Freagair do rogha **dhá cheann** de (a), (b), (c).   (30 marc)

(a) Leigh an *fógra* seo a leanas agus freagair na ceisteanna a ghabhann leis.

(15 marc)

MEÁNSCOIL MHUIRE
AN UAIMH
Comóradh 25 Bliana 1978 – 2003
17–18 Meitheamh

SATHARN	
10am	Cluiche Peil Ghaelach idir foireann shinsearach na scoile agus foireann na n-iarscoláirí
12pm	Comórtais lúthchleasaíochta do gach aois – óg agus aosta!
2.30pm–4.00pm	I Halla na Scoile: • Iománaíocht faoi dhíon don chéad bhliain • Eitpheil, cispheil agus badmantan
4.30pm	Cluiche sacair idir na múinteoirí agus na tuismitheoirí
6 p.m.	Bronnadh na mbonn
DOMHNACH	
10am	Aifreann á cheiliúradh ag séiplíneach na scoile – an tAthair Ó Murchú
11.30am	Díolachán Earraí chun airgead a bhailiú ar son an Tríú Domhan Earraí de gach sórt ar díol: Leabhair, dlúthdhioscaí, buidéil fhíona, pictiúir ealaíne, plandaí agus bláthanna
3.00pm	Cór na scoile: Amhráin thraidisiúnta agus nua-aimseartha
8.00pm	An dráma *An Lasair Choille* á léiriú ag Cumann Drámaíochta na nIarscoláirí

(i) Cad a bheidh ar siúl do dhaoine fásta agus daoine óga?

    Comórtais Lúthchleasaíochta

(ii) Cén fáth a mbeidh an Díolachán Earraí ar siúl?

    chun airgead a bhailiú ar son an tríú Domhan

(iii) Ainmnigh na saghsanna amhrán a chanfaidh cór na scoile.

    Amhráin thraidisiúnta agus nua

257

(b) Léigh an *fógra* seo a leanas agus freagair na ceisteanna a ghabhann leis.

(15 mharc)

TITHE SAMHRAIDH
Iarthar Chiarraí
Ar fáil ó Bhealtaine go deireadh Lúnasa

An Ceantar	Na Tithe
* Sléibhte agus tránna áille	* Bungalónna
	• Trí sheomra leapa
* Dhá ghalfchúrsa. Fáilte roimh chuairteoireí	• Seomra suite
	• Cistin mhór le gach áis nua-aimseartha
* Óstán breá le:	• Radharc breá ar an bhfarraige
• linn snámha	• Cúig nóiméad on trá
• cúirteanna leadóige	
• seisiúin cheoil gach oíche	* **Tithe feirme**
• dioscónna do dhéagoirí	• Tithe dhá stór·
• seomra cluichí do pháistí óga	• Suite in aice na sléibhte
	• Iascaireacht in aibhneacha agus locha glana
	• Siúlóid sna sléibhte
	• Bia folláin feirme

Saoire in áit chiúin thaitneamhach i lóistín iontach
Eolas ó Áine Ní Bhroin: 066–4548902
9.00am – 5.00pm ón Luan go dtí an Aoine

(i) Cathain a bheidh na tithe samhraidh ar fáil?

Bhealtaine go deireadh Lúnasa

(ii) Ainmnigh <u>dhá</u> rud atá san óstán.

Linn snámha agus cúirteanna leadóige

(iii) Cén uair is féidir eolas a fháil i dtaobh na dtithe seo?

9-5

(c) Leigh na *véarsaí* seo a leanas agus freagair na ceisteanna a ghabhann leo.

(15 mharc)

Luch

Ní raibh ann ach luch,
Luichín tí,
Ní raibh ann ach luch,
Luch trí mhí,
Ní raibh ann ach luch,
Ach bhí sé lán de bhrí:
Agus chanadh sé os íseal
Dó ré mí.
Lá amháin tháinig cat mór groí,
An t-ainm a bhí uirthi ná Marjorie.
Chuala sí an luichín ag canadh dó ré mí
Ó fidil!' arsa Marjorie, 'fidil dí dí!'

Ní raibh ann ach luch,
Luichín tí,
Ní raibh ann ach ainmhí
Bocht simplí.
'Uch!' arsa Marjorie, 'Uch! Uch!'
Agus tá a fhios agat is dócha cad a tharla do mo luch.

Gabriel Rosenstock

- **Gluais**: **groí** = **láidir**.

(i) Cad is aois don luch?

_____

(ii) Cé hí Marjorie?

_____

(iii) Cad a chuala an cat?

_____

259

CEIST 3

Freagair (a) **agus** (b). (60 marc)

(a) Léigh an sliocht seo a leanas agus freagair na ceisteanna a ghabhann leis.

An Buachaill Ramhar Ramhar

Ní chasann sé giotár, ní chanann sé, ní féidir a rá go ndéanann sé ceirníní – ach is é an réaltóg pop is mó cáil é faoi láthair – is DJ é – ach ní gnáth DJ – ach Fatboy Slim!

Quentin Cooke an fíorainm atá air ach d'athraigh sé a ainm go Norman nuair a bhí sé óg mar bhíodh na buachaillí eile ar scoil ag magadh faoin ainm Quentin. Chuaigh Fatboy Slim ar choláiste i Hull agus chuir sé spéis mhór i gceol damhsa agus é sa choláiste. Ina dhiaidh sin bhí sé páirteach i ngrúpa giotáir, The House-martins.

Bhí Fatboy breoite ar feadh tamaill agus ansin thosaigh sé ag pleidhcíocht le ceol agus ceirníní. Thosaigh na damhsóirí sna clubanna ag baint taitnimh as an meascadh ceoil a rinne sé agus ba ghearr go raibh a chuid ceirníní ar díol ar fud an domhain.

(i) Cén obair a dhéanann Fatboy Slim anois?

_____

(ii) Cén fáth ar athraigh sé a ainm?

_____

(iii) Ainmnigh an sórt ceoil a raibh spéis aige ann agus é sa choláiste.

_____

(iv) Cé a bhain taitneamh as an meascadh ceoil a rinne sé?

_____

(v) Cá bhfuil a chuid ceirníní ar díol?

_____

(b) Léigh an sliocht seo a leanas agus freagair na ceisteanna a ghabhann leis.

(30 marc)

JENNIFER, A CHAIRDE

Jennifer Aanistonapoulos an fíorainm atá uirthi, ach is fearr aithne uirthi mar Jennifer Aniston, nó, más fearr leat, Rachel ó *Friends*. Rugadh í i Sherman Oaks, California, 11ú Feabhra, 1969 ach chaith sí tamall dá hóige sa Ghréig. Thosaigh Jennifer ag aisteoireacht nuair a bhí sí naoi mbliana d'aois i gclub aisteoireachta Rudolf Steiner i Nua-Eabhrac.

Rinne an tsraith *Friends* réaltóga thar oíche de Jennifer agus a comhaisteoirí. Sa bhliain 2000 d'éirigh léi tuarastal $750,000 a bhaint amach di fein in aghaidh gach eipeasóid de *Friends*. Fuair sí páirteanna ina lán scannán chomh maith.

Nuair nach mbíonn sí ag aisteoireacht is maith léi roinnt péintéireachta a dhéanamh. Bhí sí chomh maith sin gur cuireadh pictiúr dá cuid ar taispeáint i ngailearaí an Mhet i Nua-Eabhrac nuair a bhí sí aon bhliain déag d'aois.

Ar an 29 Iúil 2000 phós sí Brad Pitt i Malibu, California.

(i) Cár rugadh Jennifer?

_____

(ii) Cén aois a bhí aici nuair a thosaigh sí ag aisteoireacht?

_____

(iii) Cé mhéad airgid a fhaigheann sí ar gach eipeasóid de *Friends?*

_____

(iv) Cár cuireadh pictiúr dá cuid ar taispeáint?

_____

(v) Cé a phós sí?

_____

ROINN II – SCRÍOBH NA TEANGA (110 marc)

FREAGAIR GACH CEIST.

CEIST 1

Freagair *(a)* **nó** *(b)*. (25 mharc)

(a) Tá tú ag freastal ar Choláiste Gaeilge le do chara. Scríobh cárta poist chuig do dheartháir.

Luaigh na pointí seo a leanas ar an gcárta:

- an t-am a shroich sibh an Coláiste
- rud éigin faoi na ranganna
- an aimsir
- cén caitheamh aimsire atá agaibh ar an gcúrsa
- cathaim a fheicfidh tú den chéad uair eile é

Scríobh an freagra sa bhosca anseo thíos.

(b) **NÓ**

Is tusa Liam sna pictiúir thuas. Tá tú i do scoil féin. Léann tú an fógra i dtaobh an bhanna cheoil. Ba mhaith leat dul go dtí na trialacha le do chara, Deirdre. Níl aon fhreagra nuair a chuireann tú glaoch teileafóin uirthi.

262

Fágann tú nóta ag a teach ag rá:
- cén fáth nár labhair tú léi ar an teileafón
- cathain a léigh tú an fógra
- cad a bhí ar an bhfógra
- cá mbeidh tú anocht má theastaíonn uaithi labhairt leat
- cathain is féidir léi glaoch teileafóin a chur ort.

Scríobh an nóta sa bhosca anseo thíos.

<u>NÓTA</u>

<u>CEIST 2</u>

Freagair (a) <u>**nó**</u> (*b*).   **(40 marc)**

[**NB.** Bíodh leagan amach cuí ar do <u>litir</u>, i.e. <u>seoladh</u>, <u>dáta</u>, <u>beannú</u> agus <u>críoch</u> oiriúnach.]

(a) Tá cara leat ina c(h)ónaí i Sasana le cúig bliana. Níor bhuail tú leis/léi ó d'fhág sé/sí Éire.

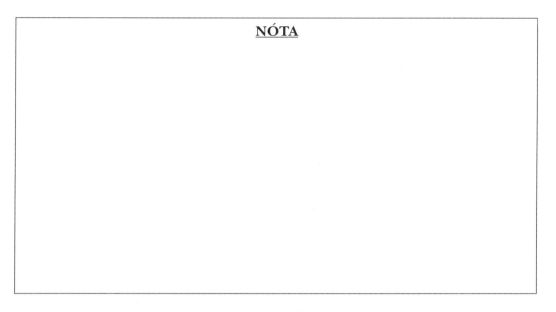

    Scríobh *litir* chuige/chuici. Sa litir luaigh na pointí seo.
- cathain a bheidh tú ag dul ar saoire go Sasana
- an lá agus an t-am a bheidh tú ábalta bualadh leis/léi
- cad ba mhaith leat a dhéanamh le chéile
- cad a dhéanfaidh sibh nuair a thiocfaidh sé/sí ar cuairt chugatsa

    Scríobh an litir sa bhosca ar lch. 11.

NÓ

(b)

Fuair tú litir ó d'uncail a chónaíonn i dtír éigin eile. Sa litir thug sé cuireadh duit féin agus cara leat dul ar cuairt chuige.

Scríobh litir chuig do chara. Luaigh na pointí seo sa litir.
- abair leis faoin gcuireadh
- cén fad a bheidh sibh ann
- cúpla rud a bheidh sibh ábalta a dhéanamh ann
- cathain a bheidh air a rá leat an mbeidh sé ábalta dul leat

Scríobh an litir sa bhosca ar lch. 11.

Ceist 2 (a) nó (b)

LITIR

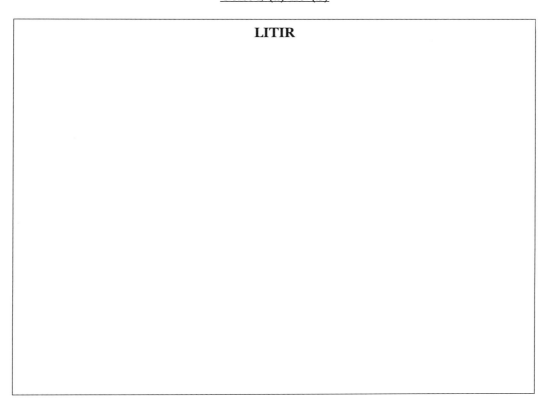

CEIST 3

Freagair (*a*) **nó** (*b*)   (45 mharc)

(*a*) Alt gairid (15 líne nó mar sin) a scríobh ar cheann amháin de na hábhair seo:
  (i) An caitheamh aimsire is fearr liom.
  (ii) Lá a chaith mé ag iasaireacht nó ag rothaíocht.
  (iii) Lá ag siopadóireacht le mo mháthair.
  (iv) An peata atá againn sa bhaile.

Scríobh an freagra sa bhosca ar lch. 13

NÓ

(b)

Is iad Liam agus Síle na daoine óga atá sna pictiúir thuas. Scríobh síos an cuntas is dóigh leat a bheadh ag Síle ina dialann (nó ag Liam ina dhialann) ar na himeachtaí atá léirithe thuas.

[Is leor 15 líne nó mar sin i do fhreagra.]

Scríobh an freagra sa bhosca ar lch. 13

Ceist 3(a) nó (b)

ADMHÁLACHA (SCRÚDÚ 2003)

Ba mhaith leis na foilsitheoirí a mbuíochas a ghabháil leis na heagraíochtaí agus leis na daoine seo a leanas as cead a thabhairt dóibh ábhar atá faoi chóipcheart a atáirgeadh:

Gabriel Rosenstock maidir le 'Luch'

266